Amin Maalouf

# UN FAUTEUIL SUR LA SEINE

QUATRE SIÈCLES D'HISTOIRE DE FRANCE

# 塞纳河畔的一把椅子

## 法兰西四百年

[法]阿明·马洛夫——著

马振骋——译

文匯出版社

新经典文化股份有限公司
www.readinglife.com
出　品

# 目　录

# 前　言

这部小书源起于一份内疚。

2011 年 6 月，我双喜临门，一是入选法兰西学院 *，二是坐上我大学时代起即敬重有加的克洛德·列维－斯特劳斯的那把椅子。

根据学院的礼仪，新院士要对他的前任作一番颂词。我很高兴得到这个机会，可以把这位人类学大师的著作阅读一遍，有些则是复读，还可对他那我知之甚少的一生作深入了解。这项任务

---

* Académie française，中文译名不统一，本书依习惯译为法兰西学院。该机构由红衣主教黎塞留于 1634 年成立，次年由路易十三改名为法兰西学院，由此成为正式的学术机构，后纳入法兰西研究院（Institut de France）。该研究院现有五大学院，余下四大学院分别为：法兰西铭文与美文学院（Académie des inscriptions et belles-lettres），成立于 1663 年；法兰西科学院（Académie des sciences），成立于 1666 年；法兰西人文学院（Académie des sciences morales et politiques），成立于 1795 年；法兰西美术院（Académie des beaux-arts），成立于 1816 年。另，Collège de France，本书译为法兰西公学院，在中文里亦经常与前述机构混淆。——编者注（以下如无说明，均为编者注）

振奋人心，尤其得益于教授的未亡人莫妮克·列维－斯特劳斯的协助，她邀请我和太太到她在勃艮第的利尼罗尔庄园做客，向我慷慨地打开了她杰出丈夫的抽屉，以及她本人内心深藏的记忆。

从我入选法兰西学院到在学院圆顶下举行庄严的入院仪式，这中间相隔十二个月，我对此保持一段美妙的回忆，然而内心也有些许羞愧。

列维－斯特劳斯教授坐的是第二十九号椅子，我浏览了一遍历任名单，发现其中一位在我写第一部著作时给了我宝贵的帮助，那是历史学家约瑟夫·米肖。当时我在巴黎拉丁区的一家书店偶然发现一套古版本《十字军东征史》，共七卷，出版于19世纪初。我在其中摘取了一些至关重要的资料，这在其他地方是很难找到的。我打算在入院演讲中向他致敬，尤其他今天完全默默无闻，这样的纪念更加激动人心。

可是我的前任著作不可胜数，使我陷在里面脱不了身；既想介绍他的科学成就、学识历程以及不平凡的一生，同时又想向坐过这把椅子的另一位俊彦埃内斯特·勒南致敬。勒南晚年选择在黎巴嫩山的一个小村子里落户，写出了他最著名也是争议最多的一部书《耶稣的一生》。我不能撇开主题去谈另一位前任。最后我还是放弃了原本要谈米肖先生的那个小章节。

我思忖写一篇文章，或者若有机会做一场讲座，尽可能来弥补这个缺陷。于是，我作了一番研究，盼望去发现这位可敬教授的身世，以及通过这部篇幅浩瀚的十字军著作重现他渊博的学识。但是随着阅读的进展，在我面前呈现的则是另一位米肖：一名捣乱分子、鲁莽的冒险家，在大革命时期，因煽动罪坐过牢，关在那时的四国学院，这块地方不久前才改成拘留所，在今天则是……法兰西学院所在地。他从那里被重兵押送到杜伊勒里宫，革命法庭就设在里面，准备给他判个死刑。

我不相信复仇者幽灵，但是我愿意相信文学中有风流客幽灵，他们出没在那些古色古香的老房子和想入非非的脑海中。在我站起来宣读我的入院演说时，米肖的幽灵应该也出现在那个圆顶下，因为我原本不认为有必要在文中提到他。他确实在那里，在我身边，而我看不见他。

那时，我下决心投入工作来弥补我的过失，满腔热情去钻研这位历史学家的著作，追随他曲折多变的人生道路：他的出身、他的旅行、他被选上科学院、最后他的死亡。这样也使我对他的前一任与后一任的院士发生了兴趣。然后，由此及彼，对于在他之前与在他之后、最近四百年间所有坐过同一把椅子的人都发生了兴趣。

我有意要更好了解这些人，他们毕竟与我也有了某种精神上的传承关系，并期盼其中还有人会像米肖给我带来同样的激动。我没有失望，一路上不断地有所发现与感到惊讶，以致很快下决心不再针对某一个人，而是针对一支家族的人去完成这份工作。

开始撰写第一位“始祖”时，我承认我虽然坐上这把椅子已经有一段时间，还是连他的名字也从未听说过。

# 第一任

## 作家皮埃尔·巴尔丹（Pierre Bardin，约1595—1635）：为救学生而溺死的不朽者

最初的占有者在那把椅子上没有坐多久。他 1634 年 3 月入选，十四个月后溺死在塞纳河中，这让他得到一个悲惨的美名：第一位死亡的“不朽者”。

皮埃尔 · 巴尔丹今日已经被遗忘了。就像他那一代的法国作家，几乎无一不是如此。在他们之前几十年，有龙沙、杜 · 贝莱、拉伯雷或蒙田，这些人的著作我们继续阅读；在他们之后若干年，有高乃依、拉辛、莫里哀或拉封丹，这些人的著作同样证明是与世长存的。在这两座文学高峰之间，则是一个低谷。

说到最早的四十位院士，他们的书籍没有一部当前还在再版的。有些名字若还叫人想起来，也记不真切。巴尔丹的名字，不管怎样，今日知晓的人也仅是研究 17 世纪的少数专家而已。他生前享有一定的名声，但是也从来没有被认为是位重要作家。虽则他是他那把椅子的第一位座上客，也很难把他算作是这个文社的奠基人。

完全配得上奠基人称号的仅有十二三位，其中第一位是瓦朗坦 · 孔拉尔。他出身于一个富裕的加尔文教派家庭，作品并无特色，却是个细致的读书人和出众的语法学家。他在 1629 年想到跟几位朋友在巴黎创立一个文学社团，定期进行聚会。他们的平均年龄是三十岁，孔拉尔本人只有二十六岁，最年轻的热尔曼·阿贝尔刚到十九岁，不过他是跟着哥哥才来参加聚会的。

他们个个都很高兴聚集一起，由于住在不同的街区，要找到大家必须满城子去跑，会很辛苦。在那个时代，当然没有法子远距离通知，不是亲自跑腿，就要差人代劳，要相会很不容易。他们商量下来，还不是每周定期定时约在一个预定的地方见面更方便?

就这样，选择了孔拉尔的家作为聚会地点。孔拉尔尚未成家，住在首都中心圣马丁路，跟各家的距离相当。据第一部《法兰西学院史》作者保尔·佩利松的叙述，他们就像平时访友一样海阔天空闲聊：商务、新闻、文艺，等等。“文社里有谁写出一部作品，非常乐意给其他人传阅，其他人又毫不拘束说出自己的意见；他们在讲座后接着就是散步或吃点心……他们至今还谈到学院的初期，犹如一个黄金时代，这时候交往不声不响，不虚张声势，除友谊之外没有其他法则约束，他们共同享受精神社会和理智生活中最温馨与最令人陶醉的部分。”

他们相互承诺，对谁都不提起他们的文艺小圈子，这份协定保持了三四年。可是有一天，其中一位诗人克洛德·德·马勒维尔一时大意了——要说是幸还是不幸，那要看各人立场。当他与一位名叫尼古拉·法雷的作家一起时，有一句话提到了这些聚会。

法雷爱热闹，甚至可以说是个寻欢作乐的人；他那个世纪的许多文人——其中有尼古拉·布瓦洛——写了几篇讽刺诗，就把他的姓“法雷”（Faret）跟酒馆“卡巴莱”（cabaret）押韵；他出入这些场所在当时无人不晓。这两位诗人是不是在这一类地方相遇的呢？他们两人是不是还有点喝醉了呢？历史上没有记载。总之那一天，两人的舌头都守不住了，马勒维尔向对方透露他们有个小圈子，谈论些什么，平时做些什么。

法雷不久前出版了一部书，书名叫《正派人》，愿意参加他们的聚会，向他们介绍这部书。孔拉尔与他的一伙觉得有义务邀请他。他们听完他的叙述，提出几条看法，法雷觉得很有道理。他对这次相见很高兴，轮到他对他的一位朋友说起这事。而他的朋友德·布瓦罗贝尔神父，也表示出想受到邀请的意向。

神父交游广阔，在巴黎沙龙里是个大红人，好像还拥有巨大家财。大多数“密谋者”都认识他，对他有好感；他们直到那时不愿意他来入会，只因为他是红衣主教黎塞留身边的熟人，如果他们邀请他参加聚会，他们就进入了统治法国那个人的视野。现在布瓦罗贝尔既然知道他们这个圈子的存在，那就再也不可能把他拒之门外了。

于是该发生的事还是发生了：神父很欣赏他刚听说的这些人交流切磋的雅事，忙不迭地把这一切告诉了红衣主教。红衣主教立刻派他去问——佩利松对我们说——这些人是否愿意成立一个团体，在官方的名义下定期集会。布瓦罗贝尔先生回答说，他认为这项建议会被欣然接受。红衣主教命令他去办，也向这些先生提出将把他们的文社置于他的保护之下，还颁给他们正式证书；对他们每个人在任何场合都予以格外的眷顾。

然而出乎黎塞留信使的预料，孔拉尔和他的朋友们对这条建议并不起劲。他们一个接一个轮流发言，说他们宁可像从前那样，在朋友之间非正式聚会。

他们正在讨论怎样采取最适当的方式回绝，而又不得罪这位大人物，这时候他们中间最著名的人物、文学评论家让·沙普兰，凭其权威插进来发言，说他们没有走对方向。他向他们保证说，他跟大家一样，对参加目前的聚会感到莫大的快乐，他也宁可这些聚会依然静悄悄地继续举行，红衣主教对他们不闻不问；但是既然事情到了这个地步，再坚持无疑是发疯；“我们要与之打交道的那个大人物，不是个会随便放弃的人”，他也不是那种听到“不”以后会让人任意脱身的人；我们如果拒绝他的建议，他发起脾气来绝不会放过我们，直到我们屈服为止。他还向他们提到，法律规定没有君王的批准禁止一切集会；“只要他想干”，红衣主教可以轻易让他们的集会永远禁绝。

这个现实主义的看法最终被大家接受，据佩利松说，“决定请布瓦罗贝尔先生去向红衣主教大人谦逊道谢，感谢他对他们的宠幸，向他保证说，他们从来不曾有过如此的奢望，红衣主教阁下的计划令他们受宠若惊，他们大家坚决完成他的愿望。红衣主教得到这样的回答也心满意足，命令布瓦罗贝尔先生对他们说，他们依然像以往那样集会，根据他们的判断适当增加文社人员，也由他们内部讨论会提出在未来的发展中采取什么样的形式与制定什么样的章程。”这一切发生在1634年年初。

“这个学院最初是这样成立的，”过了一个世纪，伏尔泰在他那次庄严的入院仪式中这样说，“它的初心要比黎塞留主教所确立的更加高贵。它是在友谊中间成长的。几个人志同道合，相互尊重，热爱艺术而联系在一起，不为沽名钓誉；他们没有他们的继承者那样有才华，然而并不因此而缺少欢乐。”

* * * * *

这个小圈子正在脱胎换骨变成官方机构时，瓦朗坦·孔拉尔年纪已三十开外，决定要娶亲了。他的朋友在此时机被他请到府上，并不仅仅是贺喜，他们还花费许多时间讨论今后的处境。他们必须毫不迟疑埋头工作，完成创办学院的任务：建立章程；起个名称；充实组织，把原来小集团的人员增加到四十名；商讨一个新的集会地点，既然孔拉尔不再是单身汉，大家也不能像从前那样继续在他家里聚会。

那时起，这些成员很长一段时间过着“游牧生活”，一会儿在这家，一会儿在那家。接待他们最多的是诗人让·德马雷，他在巴黎中心地区拥有一幢豪宅，在西西里国王路，人称佩尔韦公馆。文社是在那里开始成形的，也是在那里任命第一任终身秘书——孔拉尔，那是当然的；1634年3月27日，还是在那里，皮埃尔·巴尔丹受邀与“学院的诸位先生”见面。

巴尔丹1595年左右诞生于鲁昂一个普通家庭，在耶稣会修士那里接受教育，然后上京城当了于米埃尔小侯爵的家庭教师。他出版过一部书，书名《伦理思想》，在文学界小有名气，其实只是《圣经·传道书》的注释作品，但是这类书在那个时代甚受欢迎。

学院的创建人很早想到了他，其中有人跟他提起他们的计划。他的反应很冷淡，几乎还带点敌意，他这人谁都知道一向和和气气、温文尔雅的，如今这么做有点出人意料。他为什么这个态度我们是知道了，因为他同时代的许多纪年史作者提到这件事，用词都大同小异。

巴尔丹好几年来在写一部书，这应该是他一生的扛鼎之作。他在书中提出他的看法，贡献给要达到时代理想的人，也就是做个热心肠、有骑士风度、思想开明、彬彬有礼的人。有一天，他与尼古拉·法雷一起，跟他详细谈到他的写作计划——是的，之前马勒维尔正是向这位法雷透露了在孔拉尔家聚会一事。巴尔丹还不由自主跟他说出了知心话，并粗心大意提到他正在创作的这部作品的书名《正派人》。法雷则不顾脸面把这句话剽窃了去，风光了很久，他还用这个书名写了一部书，并以自己的名义介绍给未来的学院院士。

这样大家不难理解，有人向他建议加入这个团体时，巴尔丹没有表现出过分的热情，因为他的剽窃者也是其中的成员。但是他们执意劝他，最后他也就去了佩尔韦公馆。

会议过程可以说一波三折。候选者对法雷先生进行指责，后者则反击说对于把他接纳进文社是否合适表示怀疑。但是事情最后还是妥善解决。巴尔丹鲁莽冲动，但并不是个耿耿于怀的人。他把心里的话说出来以后，也就克服情绪，不再纠结，跟大家同心协力。至于正在撰写的那部作品，他选择另一个新书名代替被偷走的老书名。原来书名是《正派人》，而今叫《雅典学园》，封面上有个副标题："边走边谈待人接物的道理，快快活活做个正派人。"

这把椅子的第一位座上客，在他来日无多的余生中，热切地参加会议，协同工作。诞生不久的学院要求每个成员做一篇"演说"，题材由自己选择，标志学院工作的开始，他发表了一篇，好像很受大家的赞赏，他给予的题目是《论哲学风格》。

他在文中强调，哲学毫无必要在教学中使用暧昧不明的词汇，因为哲学针对的问题涉及每个希望认识世界与理解世界的人，从而也只要用最自然的语言来谈论它就可以了。

这篇演说的文本从未出版过，但是有一份手稿，保存在法国国家图书馆。凝视这些纸页，想象念稿人的声音热情澎湃，浑然不知这是自己最后一次对着公众说话，从某种意义来说也是他的精神遗嘱时，这事说来让人心碎！

"如果说演说开始时，主讲人必须慷慨陈词，借以引起台下听众的好感，这是一条金科玉律的话，先生们，我承认我是他们这条规则的破坏者。我相信我不需要提出要求就已经得到这份赦免权了。不论在道义上或习惯上是不是这样做，我认为我的演说内容给了我特许证。因为我不是为自己而说，而是为哲学而说。亲爱的同仁们，哲学对你们说……"

他于是长篇大论侃侃而谈，赞扬现代性和知识传播，尤其为法语请命，今后应该能够用法语表述从前用拉丁语或希腊语表述的一切思想。根据他的意见，这是新学院今后要担负的最重要任务之一。“虽然我不爱说好听的话，可是在我心灵深处还是要自我赞扬一番，如果我这篇演说能够说服你们去从事这份工作——这将是你们姓氏的荣誉，你们世纪的幸运，你们祖国的光荣。”

这位院士在作完这篇演讲后一周，溺死在塞纳河中，才四十岁。

夺去他生命的这件惨祸，发生在巴黎附近的夏朗东，时间是1635年5月29日星期六。巴尔丹那天的行为非常冲动，有欠考虑，但是仗义，甚至可以说带一种英雄色彩。不管怎样，在他那个时代是这样评论他的，那时有一部作品就记载了这件事，作者无从查考，书名是《论生命的谨慎或良好准则》。“若是说到有人在非战斗时期用自己的生命去换取他们所爱者的生命，我认为没有比巴尔丹先生的例子更为动人了，他是我们这个世纪的一位学者。他是于米埃尔侯爵年轻时的家庭教师，对他的人身安全一直关心备至，任何时刻都不会放任不管。有一天侯爵一时兴起要到夏朗东附近的塞纳河河段游泳，巴尔丹也在一起，但是侯爵冒险往深处游到一个非常危险的地方。巴尔丹下水救他，他们的船往前划，船夫跟着跳进水里朝他们游去。”教师与学生立即抱住他；但是船夫没有力气驮着他们两人，对他们说必须有一个人放手，不然三人都要淹死。“这时候巴尔丹宁可牺牲自己，让侯爵得救。他一松手就被水冲走，溺死在河中，因为他水性不好，无法自救。”

文社的第一名成员死亡，促使他的同仁考虑怎样纪念那些作古的人。大家决定在玛莱区比耶特的加尔默罗会教堂举行弥撒悼念亡者；悼词内没有任何夸张之词，“只是他的生平简历”；另有一首诗体和一篇散文写成的题词；此后也就按照这个格式给每位院士送终。

这些做法显然不失尊严与适当。可惜的是诗体题词不符合大家要求。这篇墓志铭还是委托沙普兰起草的，就是那个不让朋友冒大不韪去跟黎塞留主教吃力不讨好争论的明白人。那个时代很少人像他那么受到尊敬。可以说他的判断是正确的，欧洲最有才智的人也都跟他有书信往来。但是他纪念亡友所写的几句诗却引起众人的嘲讽。

巴尔丹静静地躺在这口墓穴内；
早逝使他归于尘土。
流动的元素向他宣战，
英年时浇灭他手中的火炬。
但他的精神排斥波涛的侵害，
摆脱尘世的苦难，直飞云霄，
光荣进入不朽的欢乐天堂。
他一生追求荣誉，与人共享知识，
当他沉入水底，

美德也随之湮没。

最后这两句为世人诟病，“流动的元素”更传为笑柄。“沙普兰讲究押韵，这是他的疯狂”，布瓦洛在《讽刺诗》一书中这样说，既中肯又刻薄。

由于这次失着，后来也就不再用诗体墓志铭纪念离世的院士。不久代之以另一个仪式，此举倒长盛不衰：那就是由逝者的继任院士宣读对他们的赞词。

* * * * *

要说巴尔丹有多大的文学创造力，还真不容易。让他在同时代人中间声名鹊起、因而进入法兰西学院的那部书，其实只是一部《传道书》的注释读物而已；他留下的那些作品同样都是讲伦理道德的励志书。不过，他至少直言不讳说这是他的选择。依据他的观点，最有价值的书籍是直接诉之于读者价值判断的作品，而不是触发想象力或回忆的作品。他对诗人和小说家的评价不高，“小说家只是用散文来模仿他们而已，”他说，“不过它们至少还为他们在女士的小房间里找到一席之地。”他排斥作家的“胡言乱语”与矫揉造作，但是同样反对“学究的刻板”，后者只是在古书中寻找根据来显示自己的博学。就像他在《雅典学园》一书中开头说的，他喜欢正派人在散步时刻随心所欲，用明白易懂的词句讨论主要问题。

从逻辑上来说，“明白易懂的词句”必须用日常的俗语来表达，而不是拉丁语。这是巴尔丹在最后那篇“演讲”中强调的话，认为学院的首先任务是在一切知识领域普及法语的应用。

在今天，拉丁语是一门死亡的语言，也愈来愈少教授；法语爱好者有意愿要保护这位尊贵的老祖宗。而在17世纪，大家更有意愿限制它的影响——趁此机会也限制教会传播精神知识。瓦朗坦·孔拉尔还标榜说自己拉丁语很差。

这场争吵经常不动声色，在暗中进行，但有一天它还是会浮出水面的。不久我们看到巴尔丹的继任者一经选入学院，就被当作靶子，成为刻薄批评和嘲笑的对象。

# 第二任

## 议事司铎尼古拉·波旁
## （Nicolas Bourbon，约 1574—1644）：
## 只爱用拉丁语写作的不朽者

议事司铎 * 尼古拉·波旁是坐上这把椅子的第二人，他作为拉丁语诗人甚受器重，但是用法语写作则逊色不少。当时就有一位纪年史作者写下这句笑话："波旁努斯 **，奥拉托利会神父，只懂拉丁语，然而却因会写拉丁诗而成了法兰西学院院士。"当时最杰出的院士让－路易·盖·德·巴尔扎克也有同感，立刻给让·沙普兰写了一封信，对"这个可笑的选举"恣意嘲笑：

"先生，

"他们选出了我们的新同仁，您觉得怎样？我不久前刚与他和好。您认为他会对学院作出重大贡献吗？他在与你们诸位先生一起开拓法语推广工作方面会是个适当的人选吗？我从前曾把他的一些法语书信给你们看过，写得像远古时代的英雄祭祀歌。如果您相信旧小说中那些不伦不类的糟粕，是法国语言的重大财富，那他确实有东西可以塞满卢浮宫、军械库、巴士底狱……"

这样重炮轰击也事出有因。首先要说一说巴尔扎克。今日单用这个姓氏来称呼他，好像不大妥当，会与《人间喜剧》的作者

---

* 司铎，是天主教神父的正式品位职称。议事司铎（chanoine），即拥有议事员身份的司铎，地位高于普通司铎，有人数限制，在重大事件上有发言权。

** 波旁努斯（Borbonius），即波旁（Bourbon）的拉丁化姓氏。

奥诺雷·德·巴尔扎克混淆不清。但是在17和18世纪，甚至19世纪的最初二十五年间，说到“巴尔扎克”而不加其他说明，指的就是这位让－路易·盖·德·巴尔扎克，书信作家、政论家，从事法语散文的现代化工作。他在黎塞留和路易十三时代的文学界赫赫有名，当法兰西学院成立时，大家认为他的参加是不可或缺的。

但是他比巴尔丹还要显得冷淡。由于他的地位，当然不会把他召到佩尔韦公馆来面谈，这会让他感到有辱身份。大家决定不等待他的同意就立即宣布他坐第二十八号坐席。他听到这项决定，不说是，也不说不，勉强算接受加入。上面提到的那封信显出他的思想状况，他称呼尼古拉·波旁是“我们的新同仁”，但是当他提到文社的活动时，他用“你们诸位先生”，而不用“我们”。当他嘲弄这位新入选的院士时，怀疑他“对我们的语言开拓工作”有什么用，还有意指出自己已经与他和好如初，要像跟一位同仁一样一起工作。

这个和解形式大于内容，就像那封信所说的那样，纠结还是存在，这也可能解释了评论过于严厉的原因。

这两人争吵的细节不必深究，但是再说上几句也不算多余。

巴尔扎克曾经是波旁的学生，比他小二十三岁。他们两人彼此尊敬，学生感激老师给了他许多帮助，老师也把他看作一位得意门生。但是“一件文学上的意外事件”给他们两人的关系蒙上了阴影。

1627 年，巴黎出版了一部论战作品，引起极大反响。书名《菲拉尔克给阿里斯特的信——议论法国雄辩术》，里面把盖 · 德 · 巴尔扎克当作靶子，说他的文章装腔作势，言外之意还暗指他猥亵和不诚实。作者用菲拉尔克这个假名作为掩护，其实是让 · 古吕，斐扬修女会的会长。

争吵得最厉害时，巴尔扎克满心欢喜地接到尼古拉 · 波旁一封签名长信——更确切地说，是拉丁名字尼古拉乌斯 · 波旁努斯的信——他认为他的一切观点都是正确的，对菲拉尔克的论点则逐一驳斥。

从收信人的角度来看，这封信唯有一个缺点，就是通信人恳求对这封信保密；可以给少数几位密友阅读，但是绝对不可以公开。这场争论闹得不可开交，巴尔扎克被迫离开巴黎，迁到夏朗德河边居住，在昂古莱姆附近，那地方就叫巴尔扎克，他在那里有一个庄园。身处绝望之中，他迫切需要有人支持。波旁是奥尔良和朗格勒的议事司铎，以及上一世纪由弗朗索瓦一世国王建立的皇家名校的教师，其支持在他看来至关重要。经过一番犹豫后，他决定把这封信印刷分发。老师好似挨了当头一棒，恨个不已，说到背叛、不讲信义、无耻；学生则责怪他懦弱好欺。

这封信一经发表，使书写者处于微妙的境地。因为波旁属于奥拉托利会，他站在一个世俗者的立场去攻击一个有神职的人，而且还是另一个教派的会长，这在教会内部引发重大争议。老师为了让自己的立场取得人们谅解，对从前的学生大发雷霆，接连发表三篇作品，火气之大着实少有——这些当然都还是用拉丁语写成的。

这件事使小小的文学界震荡了一阵子，巴尔扎克的处理不当受到指责。但是许多人认为波旁也为自己的两面派行为付出了代价。熟识他的人都表示他会根据当面对话者的身份，摆出好几副面孔，有好几种看法。佩利松在他的《历史》一书中，一句话把他定了死罪："他通情达理，懂得在作者面前对他们的作品赞不绝口。"

这个看法可能出自有关他的一则广泛流传的逸事，在当时的纪年史中都有所记载。

黎塞留喜欢舞文弄墨，留下好几部关于宗教、政治和历史方面的作品，还用拉丁语写过一部自鸣得意的小册子。他要求一名亲信在名重一时的拉丁语专家尼古拉·波旁面前朗读，征询他的意见。为了求得一个诚恳的看法，红衣主教禁止使者透露作者的真实身份。

波旁听完全文，作出如下判决："这是传道师的拉丁语。"这在一位议事司铎的嘴里，无疑是在说"大厨师的拉丁语"。红衣主教听到如实汇报后，为了掩盖失望之情，假装同意这个看法，说这条评语是中肯的，因为文章确是从一位传教士的作品中抄袭的。可是又据纪年史说，"那一年国王给波旁的津贴没有支付；一个人要遵从理性、舍弃尊严，确属难事。”

这个意外事件，再加上跟盖·德·巴尔扎克闹得不欢而散，无疑解释了尼古拉·波旁为何做人小心翼翼。他在同时代人尤其是同仁的心目中确实留下了这样的名声。佩利松跟他没有直接交往，却对他留有不良印象。“有人对我说，他有时候颇为多心，自以为受到人家的侮辱而耿耿于怀。”这位历史学家还说，他听到好多人说他过于看重物质利益。“虽则死后在他的箱子里发现一万四五千里弗尔现金，他生前好像还是十分害怕穷困，这可能是担心老来无依引起的。”

用“担心老来无依”解释这一切，或许还不如实事求是地说议事司铎吝啬、刻毒、性格阴暗？当入选法兰西学院，他六十三岁——已经是一位老人；以前还没有这样高龄的人当选呢。

不合情理的是，所有提到他名字的作品都称他是“小波旁”，这是为了与他的叔祖“老”尼古拉·波旁相区别。他的叔祖同样也是新拉丁语*诗人，在上一世纪享有盛名，著名画家汉斯·荷尔拜因还给他画了一幅美丽的肖像画。

至于院士本人，我们不知道他相貌如何。至今还留下来的几处描写，只是非常简略地提到他的外形。“他又高又瘦，嗜好美酒”，跟他熟识的一个人这么说；接着又加上一句，正因为这件事

* 在文艺复兴时期的拉丁语作家看来，中古拉丁语在一定程度上已脱离了古典拉丁语，不够纯洁和规范，便以古典拉丁语为典范，发展出新拉丁语。

使他更爱拉丁语，“因为当他阅读法语诗歌时，就像在喝清水”。

这是个奇怪的看法，但这话千真万确。大家甚至有这样的印象，它忠实地反映了这把椅子的第二任主人周围的文化氛围，这是对新“时尚”的一种揶揄，这种时尚是偏要用大众法语来表述历来用拉丁语表述的事物。从那时起，大家明白有些人讪笑，是因为在一个以保护与推广法语为宗旨的机构里，“波旁努斯”实在没有可以发挥其特长的位子。

在任何情况下，他都热情地运用可敬的西塞罗和维吉尔的语言。他流传至今的作品中有一首长诗，写于1610年亨利四世遇刺的第二天，拉丁语版与法语译文同时发表，篇名为《诅咒令人发指的弑君者》。波旁在诗中大骂那个暗杀者拉瓦亚克。

让足以溶化铅块的沸油
慢慢浇在你开膛破腹的身上！
让四匹马无情地把你分尸，
使你可恶的肢体粉身碎骨！
让愤恨的老百姓
拖着你血淋淋的骸骨和断裂的屁股游街！

这种语言暴力却是奇怪地表露了人们信仰上的一种极大克制。在1598年颁布南特敕令，给新教徒带来礼拜自由，终于结束宗教战争的那位国王，竟然被一个自称信奉基督教的极端分子杀害了；他对这样的一件事实在感到无法容忍。此外，波旁终其一生，不断地怒骂“那些拿着他们的宗教做文章的人”。

* * * * *

跟他来往密切的朋友，都谈到“他几乎一直受失眠的折磨”，稍有事便会使他夜不成眠。如果要请他赴宴，必须在当天通知，因为若提前一天关照他，他就会整夜目不交睫。这变成他的一种疾患、一种苦刑、一种时时刻刻摆脱不了的心病。他去世时，他的一位好友在坟前写了一首墓志铭，其中让他舒口气大声说：“我终于睡了！”

尼古拉·波旁出生于香槟区，1644年8月6日病逝于巴黎，享年七十岁。为了填补他这个位子，院士们决定这次选一个年轻人，但是他们的选择结果引起更强烈的批评。

# 第三任

## 律师弗朗索瓦－亨利·萨洛蒙·德·维勒拉德（François-Henri Salomon de Virelade，1620—1670）：夺去高乃依位子的不朽者

弗朗索瓦－亨利·萨洛蒙·德·维勒拉德当选院士一百年后，哲学家达朗贝尔说："这是拿学院头衔在卖身。"事实确是这样，这位口若悬河的二十三岁律师胜出大作家皮埃尔·高乃依，原因只是高乃依不具备当选人条件的一个户口问题，他不住在巴黎。

这没有瞒得过谁。人人都知道高乃依候选人资格之所以被排斥，完全出于另一个原因。黎塞留不久前死去，"他的"学院成员接着就把他憎恨的那个人——即使他是法国最伟大的作家——选上当院士，这岂不有点侮慢了他的英名么？

在达朗贝尔看来，黎塞留对《熙德》作者的敌意只有一个解释："高乃依错就错在诗才超过红衣主教。"这同样也是不留情面的辩论家安东尼·德·里瓦罗尔的看法，他说的那句话更加巧妙："黎塞留装得比什么都伟大，他一手打压奥地利王室，另一手拉住青年高乃依，因嫉妒而使他荣耀。"

不管出于这个原因，还是其他政治原因，《熙德》获得空前成功，这位最高神职人员大发雷霆，希望院士们对这部剧本予以强烈的谴责，这个要求使院士感到无比为难。他们当然不愿意得罪他们的最高保护人，但是也不愿意违背良心授人笑柄，对群众公认的一部杰作扮演审查员的角色。他们想到一条妙计完成使命，也即作出四平八稳的判决，既有中肯的批评，也有合情合理的赞扬，使对立的两派都无话可说。

当红衣主教在1642年12月去世时，关于《熙德》的争论不但没有被遗忘，反而愈演愈烈。高乃依则写了一首四行诗纪念他，既谨慎也大度。

> 不管世人对显赫的红衣主教说好说坏，
> 我既不写文章也不写诗歌来议论他，
> 他对我做了那么多好事，我不能怨他，
> 也做了那么多坏事，我不能赞他。

这位大政治家对这位大作家做的坏事中，包括他对作家进入法兰西学院投否决票。当然黎塞留本人不会明明白白反对，但是谁都知道他在这件事上的态度，也没有人敢冒险向他挑战，还不如等待他不在人世的时候再说。

他逝世后不久，问题的提法有了变化。高乃依的当选从此毫无疑问，问题是什么时候最为适当。红衣主教去世后，首先空出的是尼古拉·波旁的椅子。学院是不是等待片刻，不要迫不及待请他入座，不然要被人怀疑这是对保护人的忘恩负义？这方面有讨论，有交易，有争执，有许诺。最后大多数人还是同意等待。高乃依在两年半以后才进入法兰西学院。

* * * * *

如果说拒绝高乃依在 1644 年入选本身是一件憾事，那位入选者的学术背景则让人对这样的失责感到痛心。阅读当时的记载才能够理解这样一种纰漏是如何产生的，但是又实在没法予以原谅。

这个错误应该部分归咎于一位大人物，他在学院初创时还起过非常有益的作用。这就是皮埃尔 · 塞吉耶，掌玺大臣，还带有“法国大法官”的尊贵头衔，这使他成为王国的最高官员，他对成立不久的学院非常关怀。这样的关怀是相互的，因为奠基人也象征性地给他保留了第一把椅子，文社领袖瓦朗坦 · 孔拉尔也只是坐第二把椅子；黎塞留逝世时，他们组成代表团前往他家，向他建议担任他们新的“保护人”——这实在是最显赫的职务了，因为后来第三任保护人是路易十四亲自担任。

尼古拉 · 波旁逝世，使大家不得不面对他的补缺问题时，学院还是没有一个常驻的会议地点，只是恰好设在掌玺大臣塞吉耶离卢浮宫不远的私家大公馆里。

公馆主人的身份，使这座宅邸成为一个权力中心。这里出入的众多朝臣中有一位年轻的波尔多律师，长得一表人才，为人和气，能说会道，院士们都觉得他才华横溢，掌玺大臣也认为他前途无量。是大臣建议选他的吗？从新院士的入选演说来看，大家可以这么认为，因为他用非常明确的词句向他的恩人道谢："他的同意与选择使我得到了一个没有他的推荐、我是无论如何不敢奢望的位子……"

塞吉耶从来都是这样，对于讨他喜欢的人一向宠幸有加。有一天，他甚至要求学院选他的孙子、年仅十六岁半的夸斯兰公爵。这位公爵随着年龄显示出是个令人尊敬的同仁，五十年后结束自己的生涯时，已是学院院长。掌玺大臣的波尔多宠儿则直到最后都令人失望之至。他当选的理由是他长住在巴黎，而高乃依住在鲁昂；然而他不久后却在自己的家乡买了一个职务，到那里成家立业，此后很少回到首都。

他在以后四分之一的世纪内，是这第二十九把椅子的主人，却没有真正坐过。他的同仁认识到自己受了骗，后来严厉批评他："他口齿伶俐，然而缺乏连贯性和内容，他的拉丁诗写得不比法语散文好。"沙普兰后来这么说他，无疑对于从前被他的花言巧语迷惑而惭愧，为此要人原谅自己。达朗贝尔那句话说得已够残酷，后世人对他的评论更加无情。

予以这样严厉的评论有道理吗？只有部分道理。今天此人已经完全被人遗忘，当我们再来回顾他的历程，不由对他产生一定程度的同情。

维勒拉德的事业开始时一片光明。他生于1620年10月，在耶稣会办的抹大拉学院学习成绩优异，十四岁半时在该校通过哲学考试，然后到了巴黎，十八岁被任命为省议会代理检察长。这个机构由法国掌玺大臣主持，专门处理上呈给国王御前会议的司法诉状。因而可以说他前程似锦。当然其中无疑得力于塞吉耶的提拔，但是也不完全如此。

这位青年显然博学多能，非常早熟。从那时起，院士们见了他惊为天人也是容易理解的，他们那么早把他选入法兰西学院，在当时看来无疑是接纳了一位神童。

但是他们的希望落了空，这方面至少有两个原因。首先这位新院士没有半点文才，一生中不曾写出一部名副其实的文学作品，没有戏剧，没有小说，没有诗歌，没有书简，没有小册子，没有“演讲稿”。他的同仁们手里仅有他的一篇最长的作品《给格罗蒂乌斯阁下的政治演说》，据同时代人说，大部分内容抄自盖·德·巴尔扎克。后来他在波尔多一家出版社出版了一部单行本，里面只有两篇篇幅不大、拉丁语版的司法与题铭类论文。说实在的，这一切令人想起，他的法语能力未必比他的前任波旁努斯更加高明。

他不成功的另一个理由，可以理解为当时的政治形势。路易十三在黎塞留去世几个月之后驾崩，他的儿子路易十四还不到五岁。王国那时经历了一个极度混乱与不稳定时期，被历史学家称为“投石党运动”，有时紧张得像会形成真正的内战。1648 年 8 月巴黎发生骚乱，王宫甚至被街垒包围，以致继任黎塞留当枢机主教的马萨林宁可带着小国王与他的母亲远离京城，再在几星期后率领德国雇佣军回来解围。有五年多时间，王国经历内忧外患，战事不止，经济遇到严重危机，还有一部分贵族通过巴黎议会和其他政治团体，如省议会，对国王的权威提出强烈的质疑。弗朗索瓦－亨利·萨洛蒙就在省议会工作。在这样的形势下，很难责怪萨洛蒙离开首都自保，他的职业与个人前程无法不受到影响，他的生活也日益拮据，只得回老家韬光养晦。

他回去后买了几个油水很足的官职，娶了一个门当户对的女子伊莎贝尔，她是波尔多高等法院“戴臼形圆帽的庭长”* 的千金。岳父逝世后，萨洛蒙继任了这个职务，这下子保证他有了令人尊敬的社会地位和收入。

有一部书《历史与文学杂记》，出版于 17 世纪，对他、他的祖先和他落户原籍后的所作所为有详细的描述。作者唐·博纳旺蒂尔·达尔贡，跟当时其他纪年史家不同，他对那位院士不抱敌视态度。他主要告诉我们他的家庭出身于威尼斯。甚至还列出了他的家谱，从“弗朗索瓦－亨利·德·萨洛蒙”上溯到一个名叫马可·德·萨洛蒙的祖先，“贵族人家”，马可到波尔多当密使，在那里落地生根，成为望族。

有一个罗马贵族家庭，叫“萨洛蒙”“萨拉蒙”或“萨拉莫尼”的，确实在威尼斯住过，直至 18 世纪末；这个家庭好像来自地中海东岸国家或西西里岛，还可能有犹太血统。至于维勒拉德这个名字，是从波尔多格拉夫葡萄园地中心的一个村子来的；院士的父

* 波尔多高等法院最高领导人是院长，由国王直接任免；“戴臼形圆帽的庭长”（Président à mortier）负责处理重大事务、政治事件的大庭与处理刑事案件的刑庭，普通庭长负责处理民事案件的侦查庭和诉状审理庭。除院长外，高等法院的各类职务均可买卖、世袭。

母在那里拥有一些土地。

他是威尼斯族裔的看法好像是牵强附会加上去的，德国大作家恩斯特·冯·萨洛蒙在他 1951 年出版、书名叫《问题》的自传中，叙述了他因自己的姓氏而遭遇的种种困难。“《贵族谱》，这是贵族给自己修的一部家谱定本，每个家族都可以在这里找到它们的系谱树，以及一切已知的分支，它就是不知道怎样来划分我们的家族。这里面谈到一个神秘的威尼斯贵族，从历史的黑夜里冷不防冒了出来，作为这家人的始祖，然后又消失得不知去向。”

作者对这则语焉不详的传说兴高采烈揶揄了一番，认为他自己漂泊无定的天性可能就是出自这位流浪者祖先。

*****

弗朗索瓦－亨利·萨洛蒙·德·维勒拉德，从此在他的城市定居下来，拥有贵族的头衔与文人的名望，试图在他周围建立一个类似研究自然科学的学院，但是从事的课题则有点奇怪。18 世纪的一份资料说到 1664 年在波尔多“萨洛蒙先生府上建立了一个物理学家与化学家协会。萨洛蒙先生是这届议会的‘戴臼形圆帽的庭长’，四十位法兰西学院院士之一。这些学者遵循的是友谊与竞争精神，对自然科学进行不懈的研究；他们还解剖动物小脑和鱼类。其中引人注目的一篇论文，完全凭想象把一个人的胎儿改变成一只猴子的胎儿……这篇文章受到极端严厉的批评。论文与批评文章都已付印，但这也是这个协会留下的仅有资料”。

这把椅子的第三任座上客，好像只回过巴黎一次而已。那是在 1667 年。他首先去了塞吉耶公馆，同仁都苦于见不到他，非常殷勤地接待他，还临场请他当会议主席。他草草完成这项任务后，又回到了自己的城市。三年后，大家听到他的死讯，毫不耽搁马上指定他的继任者。

这次选上的人在那时来说正处在盛年，他三十五岁，作为剧作家大名远扬。他在入选演说中认为没有必要纪念他的前任，甚至连他的名字也不屑一提，仿佛要把这段令人难堪的插曲尽快翻过去。

法兰西学院历史上的不幸插曲！这把椅子第三位座上客阴错阳差的命运！显然这个人年纪轻轻，尤其是什么作品都不曾写过，实在是不应该被选上的：既缺乏正当的理由，又是出于对保护人溜须拍马的官僚作风，也因轻率和缺少经验。这次选错了人令人惋惜，大家责怪那个不幸的波尔多人，然而犯错误的并不是他。

## 第四任

剧作家菲利普·基诺

（Philippe Quinault，1635—1688）:

引起作家嫉妒的不朽者

不像他的前任徒有天才少年的虚名，菲利普·基诺实实在在是个神童。他是卢浮宫附近一位面包师的儿子，以十八岁时写出第一部剧本而闻名。然后他不停地创作喜剧、悲剧、悲喜剧，不到三十岁已写了十五部左右，这些演出让观众看得兴奋不已，有时路易十四也来观看。同时他又读法律，在巴黎议会中获得律师的头衔，在审计法院买了个助理稽核官职。

他这人才气横溢，能干聪敏，在他那个世纪获得的地位足可与最伟大的作家相比。当他在 1670 年 3 月入选法兰西学院，谁都不表示惊异，即使有人不以为然。比如布瓦洛，他自任文学的规范者，凭其好恶予以赞扬或谴责。他说，他喜欢这个人，但是不满意他的文笔，在他看来过于婉约，太软绵绵。

> 基诺笔下人物说话都不一样，
> 即使“我恨你！”也说得含情脉脉。

他不断地把基诺当作他讽刺诗的靶子，好像基诺是个不入流的文学代表，哗众取宠，但是无重大价值。

> 要我说哪个作家没有缺陷，

维吉尔的理智，基诺的韵脚。

我在这里不是要解析作家与宠臣之间纠缠不清的正常批评和门户之争，但有一点是清楚的，这把椅子的第四位座上客，既是他这个时代风尚的得益者，也是受害者。

那时法国处在一个奢华、光辉、充满创意同时不无肤浅的时代。国家刚刚摆脱投石党的骚乱，太阳王的伟大王朝开始欣欣向荣；即使在1682年迁入凡尔赛宫以前，宫廷在不同的皇家宫殿组织豪华的盛会，基诺也是常客。他在里面毫无疑义还是最亮的明星之一。

然而他的歌剧脚本比他的戏剧作品更受欢迎。歌剧这个文学体裁那时除意大利语以外，其他语言还不曾有过，因而他是法国歌剧的开拓者；这类作品很难掌握，因为在音乐声中歌词并不总是可以听清，要写得极为简约，容易出现软肋，给布瓦洛这样的箭手射中要害。

他在进入法兰西学院前夕开始他的歌剧剧本写作。之前，他只接受过当时剧作家和诗人的古典培训课程，也是凭这个当选的。使他改变写作轨迹，同时给他增添另一种名声与好运，也使他受到更多嫉妒与嘲弄的，是他与让－巴蒂斯特·吕利的合作。吕利是来自佛罗伦萨的作曲家，非常有才气，但是一朝发迹，做事独断独行，在路易十四、路易十五王朝最辉煌的年代，宫廷的庆典全由他一手操办。

这个佛罗伦萨人，被任命为“音乐总监”，推出各种各样的演剧节目——芭蕾、芭蕾喜剧、化装舞会、抒情悲剧，等等。节目的文本则向当代的大作家约稿，特别是莫里哀，合作不止一次，主要有《贵人迷》。其他作家也受到约请，他们尝试歌剧脚本作者这门新职业，如皮埃尔 · 高乃依与他的弟弟托马 · 高乃依、让 · 德 · 拉封丹，甚至还有布瓦洛，他们成就各有不同。但是最接近吕利的莫过于菲利普 · 基诺。他们共同创作了十几出戏，其中许多获得极大的成功，如《普绪喀》《卡德摩斯与赫耳弥俄涅》或《阿尔米德》。这类故事、音乐与舞蹈混搭的剧种，特别适合在美轮美奂的皇家宫殿氛围里演出。这两位作者成了宫廷宠儿，享有崇高的威望，钱也赚得极多，这在当时大部分作家中间引起怨恨，他们不明白基诺怎么得到国王与平民的同样宠幸。

在不多的支持者中间有一位叫夏尔 · 佩罗，他今日以《童话故事》享有盛名，在《回忆录》中写道：“事实上在那时候的巴黎，我几乎是唯一敢于公开给基诺先生说好话的人，各种各样的作家都对他嫉妒之至，也影响到宫廷与首都的历次评选；但是到头来我十分欣慰。最近大家都予以公正的评价，批评最厉害的那些人不得不在真理的压力下公开赞扬他，承认他在创作这类作品方面自有一种特殊的天才。”

提到“批评菲利普 · 基诺最厉害的那些人”“不得不”改变看

法时，佩罗想到的显然是布瓦洛。他曾是评论家中最犀利的那个，最后也把语调缓和下来，当基诺的作品晚年一次重版时，他在序言中是这么说的："当我写文章反对基诺先生时，我还相当年轻，他也还没有写出一部使他日后享有盛名的作品。"

这是自我否认吗？还不太像。当这些话公布时，这两位作家已经在法兰西学院共事了十七年；基诺是个彬彬有礼、和气友好的人，他的同仁愿意包容他一些；这不说明他对基诺的作品改变了看法。这件事也在他的通信中明确提到过，如这封信中所说："我一点不愿意冒犯基诺先生，尽管我们在诗歌上意见有分歧，他去世时还是我的朋友。我承认他富有才情，把好诗谱成曲子有独到的秘诀。但是这些诗句没有多大力量和多高境界……"布瓦洛还像他那时代的其他许多作家，对于使歌剧脚本作者飞黄腾达的那种文学体裁并不追捧——这些悲剧结局像喜剧，这些轻歌剧以老套收场，更不堪的是，这些教育内容在他的眼里都为害匪浅，比如观众可以在这些戏里得出这样的看法，他说：

……爱情是唯一的大神，
为了它可以牺牲一切，甚至道德本身；
为了它热情狂烧从来不嫌早；
上天给我们一颗心是为了爱；
这些淫猥的陈词滥调，
被吕利的乐声煽动得火热。

认为基诺的作品“伤风败俗”，持这个严厉论调的人不是只有布瓦洛一个。当后者发表了我们刚才所念的诗句时，他收到了一封赞扬信，是那个时代最有影响的思想家之一写的——神学家安东尼·阿尔诺，人称“大阿尔诺”，冉森教派领袖，布莱兹·帕斯卡的朋友。他在信中对布瓦洛写道：“这些淫歌不光在演出的剧院内哼哼，其毒汁还流传到法兰西全境，无数人钻研学习，牢记在心，走到哪里唱到哪里，自娱自乐，这是最糟糕的事了。”

还有那个时代——有的人说是所有时代——最伟大的讲道师、莫城主教波舒埃也持同样意见。他起而反对“基诺歌剧把堕落转化成格言，在他的诗句中充斥着那些虚假的温情和骗人的邀请，说什么要享受青春的美好时光”。说实在的，使他担忧的不是对“无数人”而是对某一人的不良影响：路易十四。主教是国王家族中一部分人的忏悔师，他不停地嘱咐国王要为明智与节制作出榜样，行为上做个好基督徒，尊重他的妻子，不要理睬在他四周献殷勤的美貌女子。当基诺在《阿提斯》中说：“明智过分就不是明智”；或者在《卡德摩斯和赫耳弥俄涅》中说：“当爱情与光荣保持一致，有谁能够抵制？”；还有在《阿特拉斯特》中说：“不，不，主啊；当爱情达到极致时，可以诱惑一切，征服一切，除爱情自身以外”；这教波舒埃读了怒火攻心。

通过不同的凭证，我们知道国王听到这些话时难掩他的满意之情，他的朝臣对这些信息也心领神会。就像《阿提斯》中“拐弯抹角”的那句话：

经常为了做个幸福的人，
不得不牺牲一些无辜的心情。

基诺散布淫猥道德观念的诗句受到谴责之余，他的合作者、“同谋”吕利也遭到质疑。为佛罗伦萨人创作歌词并不是特别光荣的事。他以暴虐和贪婪闻名。莫里哀跟他有过合作，但是两人之间争吵不断，最后不欢而散。而在吕利和基诺之间则是风平浪静。他们的批评者说因为他们是“一丘之貉”，影射第一位是磨坊主的儿子，第二位有个面包师的爸爸。人们还声称歌剧脚本作者“听命于”音乐家，经常是后者要什么样的剧本前者都照写不误。

当拉封丹试写剧本而不见成功，几个月后与吕利闹翻，还写了一首少有的激烈讽刺诗攻击他：

佛罗伦萨人
最后显示
他会做什么，
他如同喂养的狼，本性不改，
因为狼始终保持它的狼性，
犹如羊始终保持它的羊性。
我得到过警告，有人对我说：“注意，
谁跟他合作就是在冒险；
您对佛罗伦萨人还不熟悉；
这是个好色鬼，这是个大坏蛋……”

佛罗伦萨人对我说："你愿不愿意
快快写一部歌剧……
我跟你说赚了钱
咱们怎么分；
把它分成两份，钱和歌声，
我拿钱，你听歌声……"

这可能不完全是他说的话，
这样的话他不会放在嘴里，
但确实想在心里。他说服我；
不管有理无理，他要求我时，
轻声细气，花言巧语，
灌我迷魂汤，给我吃蜜糖，
总之，他在"基诺"我。

最后这个动词（enquinauder，欺骗）那时没有被遗忘。而且早在17世纪以前已经存在；"Quinault "从前是"猴子"的意思，加了个前缀en，成为动词，变成"花言巧语或者献殷勤骗人"的意思，同样的意思也可以用"embabouiner"表示；可是经过拉封丹的妙用，这词传了开来。此后，每次有人提起"基诺"，就会想到这句话。

这样的短语传至后世而不衰，尤其经过天才作家的大手笔之后。这把椅子的第四位座上客的形象长期受到影响，即使下一世纪有个伏尔泰这样杰出的辩护士也没用。

啊，严厉的布瓦洛，评诗不留情，
嫉妒温和的基诺讨人欢喜的艺术……
人人都在咒骂你不厚道的讽刺诗，
难道你没有听到我们的赞美声，
一周四次为基诺鸣不平？

在《路易十四的时代》，这位启蒙时期的哲学家对歌剧作家赞不绝口，认为他在“这个看似容易、其实不然的新体裁上”取得成就，足以比美名声显赫的同时代人。他说：“记住诗句，才是对诗人最真实的赞美。有人把基诺的整幕内容都牢记在心；这是任何一部意大利歌剧都无法达到的成就……若在古代看到像《阿尔米德》或《阿提斯》这样的诗，他就会被人当作偶像对待！但是基诺是现代人。”

亏了有伏尔泰，以及其他几位，如达朗贝尔，基诺的作品在18世纪有过一阵子回暖，主要是在1775至1779年间有个不可思议的事件，叫作“格鲁克派与皮契尼派之争”。

那时候，法国不知不觉距离使其天翻地覆的大革命只十年的时间。但是造成分裂的不是保王党与共和派，也不是君主专制制度与君主立宪制度之争。国家精英为之慷慨激昂的，是“法兰西式”传统歌剧与“意大利式”音乐之间的冲突。法国派拥护者的领军人物却奇怪的是德国作曲家克里斯多夫·格鲁克，而意大利派音乐的领军人物是尼科洛·皮契尼。那些年头有一位英国旅行者在那里，他说："他们要核实身份，不是要知道您是个有道德和有趣的人，而是要知道您是格鲁克派还是皮契尼派，在没有弄清楚以前没有人会跟您见面……"那里有些咖啡馆只有皮契尼派会去，而格鲁克派是不受欢迎的。这两派人员在沙龙、学校、公共场所，有时甚至在宫廷里相互对骂。青春少女玛丽－安托瓦内特是路易十六的妻子，1774 年年仅十八岁即成为法国王后，在维也纳时曾当过格鲁克的学生，大家把她看成是格鲁克崇拜者阵营的人，虽则她努力显得不偏不倚。在对立阵营内有法兰西学院常任秘书让·勒朗，也称达朗贝尔；他是哲学家、数学家，与狄德罗一起编纂《百科全书》，他对这类纷争毫不反感；在这以前他痛斥萨洛蒙·德·维勒拉德，指责黎塞留嫉妒高乃依；他接着自任为皮契尼派的旗手。

我在此地提到这场"悬崖边的舞蹈"，这是因为有一天大家作出决定，为了对这种争论作出定评，让格鲁克和皮契尼经受考验，一起为同一位作家的文本谱写乐曲，这位作家便是菲利普·基诺。

* * * * *

当他的作品享有这个最后时刻的荣耀时，作者已经去世将近一百年了。他死于悲哀，甚至可以说是死于恐惧。

这是因为他对于剧本遭到道德批判一事没有等闲视之！这件事使他难过，觉得这是一种令人遗憾的误会造成的结果。荒淫无耻的世道是他蓄意造成的吗？上帝啊，哪里会呢！他若写了一些轻佻的诗句，这是作品体裁的规律所要求的，难道要人们随着一本正经的歌词唱啊跳啊！他不断地向法兰西学院的同仁解释，使他们对自己的态度有所缓和，但是依然被认定性格软弱。法兰西学院在1672年设在了卢浮宫的廊厅，他们在那里经常照面，别人也都习惯把这位好人与他的作品区别对待。所有人，其中包括波舒埃，也包括基诺本人：他在宫廷写些轻佻的诗句取悦路易十四；在法兰西学院，在同仁面前哀叹靡丽颓废，诚恳得令人无话可说。

但是凡尔赛宫的氛围也在改变。那时候掀起了一阵风，讲究节俭，不宽容，对于宗教过分虔诚。某些历史学家在这里不管有理无理，看到了曼特侬夫人的影响。她是路易十四死了王后以后偷偷娶下的妻子。1685年10月，路易十四决定取消他的祖父亨利四世颁布的南特敕令，这份敕令允许新教徒有信仰自由。这立即引起一阵移民潮，“胡格诺”朝着英国、普鲁士、瑞士或那时候称为联合省的荷兰等国出走；他们从而明显地促成柏林和伦敦这些城市的繁荣。

基诺写了一首长诗欢呼敕令取消，歌颂国王。但是种种迹象让人相信，他主要是受到发生在那些年的另一桩事件的影响，那事对他的触动更深。

悲剧像一出拙劣的闹剧闯进了他的生活。这是在1687年最初几个星期。他的朋友吕利正在给他的音乐班子排演《感恩赞》，完成后要立即献给国王。他手里拿着指挥棒，这是一根有花饰的笨重手杖，用来打拍子和发号施令。突然他一时激动，持杖猛敲地面，把自己的脚趾戳破了。伤口化脓，医生建议截肢。但是这位音乐家也是个优秀的舞蹈家，反对这样做。溃疡一直蔓延到头部，导致死亡。

基诺为之萎靡不振，甚至胆战心惊，在他看来这像是一场天谴。他立即下决心永远放弃戏剧和歌剧，从此过上一种祈祷和冥想的生活。在那首歌颂撤销南特敕令的诗篇中，国王“战胜了”异端邪说，也显示了他自己的变化。

我唱够了游戏与爱情；
应该让我们听一听更圣洁的声音；
温情的缪斯，我向你道别，
道别后再也不相见。
我要向千古流传的故事
献出我的诗篇。
长期来令人害怕的魔怪
终于倒下，再也不会在地狱里翻身。
不可战胜的路易完成了
其他国王尝试失败的鸿业。
教廷依靠他战胜了
可怕、顽固、残酷的异端邪说……

基诺也不是第一次否定自己那些无聊浅薄的诗句。但是一般来说，他只是口头上这样做。“当他严肃地想到自己的永生，才哀叹走上了迷途，这样的事我已经看过一百次了。”波舒埃后来这么说。现在，他下决心从此放弃戏剧、歌剧、芭蕾和香颂。

那些在基诺晚年见过他的人，说他像个精神颓唐的老人，害怕天谴，一心要让灵魂达到圣洁的境界。当他 1688 年 11 月 26 日去世时，还只有五十三岁。

那个时期是不会让椅子长期空缺的。“温和的基诺”亡故四星期后，法兰西学院选了一位大人物来接替他，这位大人物也经常出入凡尔赛宫，然而可以说是通过另一扇门进去的。

# 第五任

## 外交家弗朗索瓦·德·卡利埃（François de Callières，1645—1717）：两百年后又复活的不朽者

“这是个瘦高个儿，大鼻子，头往后仰，心不在焉，有礼貌，待人恭恭敬敬；他长期生活在外国人中间，待人接物装腔作势，外表也不讨人喜欢，使得举止高雅的女士与先生很难习惯，但是一旦谈到正经事而不是闲聊，他马上换了一副模样。总的来说，这是一个优秀人才，极为睿智和理性。他热爱国家，学识渊博，谦逊有礼，毫无私心，他不怕在国王和朝廷大臣面前说出真话、他的想法和他为什么坚持到底的道理；他也经常说得他们回心转意。”

这是圣西蒙公爵对第五位座上客弗朗索瓦·德·卡利埃的评价，考虑到这位回忆录作者对他的平辈不常说恭维话，这些看法更值得重视。此外，他在卡利埃身上发现的优良品质，恰巧与他大多数同时代人的印象背道而驰。

1688 年 12 月 23 日，卡利埃入选法兰西学院，理由不是很正当。一般认为，这是他不久前给路易十四写了一篇歌功颂德的吹捧文章而得到的结果。不错，他在同时发表了其他题材的文章，如《古人与今人新战争中的爱情故事》，之后又发表了其他几篇，其文学价值都毋庸置疑；但是他最初那些溜须拍马文章产生的恶劣印象很难完全消除。

那么既然圣西蒙提出这样的看法，也可以让我们略作调整：

如果说卡利埃“不怕在国王和朝廷大臣面前说出真话”，那么应该理会到他表面上虽然是个善于奉承的朝臣，但还是有一个诚实的灵魂。无论什么时候，把周围一切看在眼里并心领神会，这里面既有个人野心，也掺有更为高尚的报国心。无疑是这种现实主义与理想主义的巧妙结合，使他在被遗忘了二百年后的今天声誉日隆。

他的命运就是这样神奇。当他的前任菲利普·基诺逐渐失去生前享有的盛名时，弗朗索瓦·德·卡利埃则走上了相反的道路，在长时期销声匿迹后开始走上成功之路。

使他获得读者青睐的那部书叫《与君王谈判术》。它发表于巴黎《文雅信使》（*Mercure galant*）杂志，封面上是这样说的：卡利埃先生著，国王御前会议常任顾问，国王内阁秘书，先王派往里斯维克签订和约的特命全权大使，法兰西学院四十位院士之一。作者在书中主张的内容是值得高度重视的。《战争论》的作者克劳塞维茨出现于一个世纪以后，他向统治者解释，战争是运用非常手段的政治追求，卡利埃认为这些破坏惨烈的手段不应该成为政治的一个普通工具，只是万不得已的下策。他写道：“任何一位基督徒君王必须遵循这条重要箴言，只有尝试和用尽一切理智与劝诫的方法以后，才可走上用武这条道路。”这个议题在我们觉得是在情理之中，对于听命于路易十四的外交官可不是理所当然的，甚至显得有颠覆意味，因为国王在不断地使用战争工具，一战未定又起一战，致使他的王国元气大伤。

此书出版于1716年。这个日期不是无关紧要的。老国王在前一年驾崩，从一切迹象来看顾问就是要等到他的主子不在世时发表。今天我们知道这部书早在十五年前就已成稿，卡利埃在这段时间内不停地自问什么时候出版最为合适。就像圣西蒙所观察到的，此人不缺乏勇气，既然他会否定绝对专制国王的看法，让他改变主意。要是说在内阁的四壁之间说话这样直白，是表示忠贞守义的一种姿态，那么在大庭广众面前说，就会变成不可接受的了。卡利埃一定千百次自问，发表这么一篇文章，是不是会有犯上的风险，比如他在文中说："我们的国家那么好战，以致除炫耀武功以外，几乎没有其他光荣与荣誉可言。大多数有知识或者有思想的法国人都努力去学习军事知识，以便能够借战争飞黄腾达，不去学习其他有益的东西，不去了解是什么使欧洲陷于分裂、让各国热衷于穷兵黩武的根源。"

即使"好战"（belliqueuse）这个词，那时仅指"打仗"（guerrière）而已，没有像后来那样成为一个贬义词，他当时那么使用，还是对路易十四时期的国家大事构成一种批评。这样大家明白卡利埃在他的主子生前没有把作品付梓的道理了。

《与君王谈判术》出版时获得一定的成功。有过几次重印，被译成英语、德语、意大利语，还有俄语。但是这样的关注是短暂的。作者已经七十开外，死于 1717 年。他的作品与人不久就被大家忘怀。只是在二百年后，1917 年，作品真正经历了一次可称为缓慢的复活。

其时第一次世界大战正打得不可开交，牺牲者已经以百万计。不少欧洲人，他们滥用克劳塞维茨和马基雅维利的战争格言，现在也在估算大屠杀给他们造成的悲惨局面。

有几位外交官，以前拿起弗朗索瓦 · 德 · 卡利埃的作品读过，此时记起书里某些篇章，可以给他们当前的迷茫时代点起一盏明灯。

“组成欧洲的所有国家，”他说，“相互之间都有必要的贸易联系，这使大家可以把它们看成是同一个共和国中的成员……其中几个国家发生重大变化时，不可能不扰乱其他国家的安宁。即使是小国之间产生纠纷，一般也会在大国之间造成裂缝，因为其中有纠缠不清的利益关系，和它们对敌对双方的保护义务。历史从来不乏这些分裂造成的后果，经常初起时并不严重，非常容易在萌芽中予以消除，后来却引起血腥的全面战争……”

在这么一片大陆上，有轻率的联盟、根深蒂固的敌意、阴险的图谋，还有一连串可以说是鸡毛蒜皮的意外事，把人们引向一场骇人听闻的大屠杀战争，听到这些话如何会无动于衷呢？ 1914 年 6 月奥地利大公弗朗索瓦 - 斐迪南在萨拉热窝遇刺，难道就有必要开动战争机器，搞得天翻地覆——寻求同盟，动员军队，冲突，入侵，屠杀？岂不是说明欧洲国家政策的破产引起了一场悲剧，它们没有明白自己至关重要的义务是调解不同利益，避免冲突，使它们的人民不受这场如此惨烈的灾难折磨？

法兰西学院院士的这些金玉良言，第一个再发现的倒是一位英国高级官员萨道义爵士。他逐章参照弗朗索瓦·德·卡利埃的作品写成《外交实践指南》，在 1917 年发表，卡利埃的作品被他称为“一座政治智慧的金矿”。

两年后，战争结束不久，不少欧洲人要努力弄明白落在他们身上这场灾难的起因，《与君王谈判术》有了一部新的英语版本，那是英国国王陛下另一位外交官亚历山大·弗雷德里克·怀德爵士翻译的，他在这不久以前还是温斯顿·丘吉尔的私人议会秘书。他在译本中有些自由发挥，在精神上比在文字上更加忠实于卡利埃。确实，他操心的不是翻译家甚至不是历史学家的职责。他首先要维护的是他的职业的荣誉。在世人眼里，不久前发生的这场人间浩劫，主要是由于外交官的诈骗而造成的。不就是这些人缔结各种各样的盟约，束缚住政府的手脚，逼得政府投入到一场人们不希望卷进去的冲突？不论在欧洲还是在美国，不少人现在大骂“秘密外交”把国家不知不觉推向环环相扣的杀戮中。

面对这样重大的拷问，弗朗索瓦·德·卡利埃的作品显然是个珍贵的思考工具，不但针对“与君王谈判术”，而且还关涉谈判存在的理由。根据作者的说法，谈判有种种目的，其中首要目的是阻止冲突。这实在是一份违情悖理的遗嘱，这个人一生都在为好战的国王服务，然而只相信和平的恩典。还有人保存着他写给他崇拜的赫胥黎侯爵夫人的一些信，信中他自由表述了对世界的看法。他对她写道，法国还不如坚守在自己的疆域内，关注自己子民的福祉，不要处心积虑去征服邻国的土地。

自从有了这第一部现代版译本以后，还出了西班牙语、汉语、葡萄牙语、日语、波兰语等版本——也有其他新版的法语本。但主要还是在盎格鲁－撒克逊世界里，这位法兰西学院院士名声最为响亮。

这在以前便是如此。比如说，美国第三任总统、独立之父之一托马斯·杰斐逊，读了卡利埃的作品十分赞赏，在弗吉尼亚州他的蒙蒂塞洛图书馆收藏了一部。在最近的三个世纪，英国和美国其他一些第一流人物都颂扬卡利埃和他那部书的功德。最大的推崇者之一是经济学家约翰·肯尼思·加尔布雷思，20世纪最有影响力的美国思想家，他读了《与君王谈判术》以后，写下这么一句定论："人们不由得要说，在这个问题上还有什么需要再议论的呢。"

确实，这部书说到的内容极多，从礼仪到谍战，从习俗到行贿，都有所涉及。其中穿插细致的观察，既有教育意义也很搞笑，阅读起来轻松愉快。其中有些教诲既有普世意义，也有高度的道德价值。

"跟一般的世俗看法相反，"这位法兰西学院院士说，"绝不可把谈判的成功建立在空口许诺和缺乏诚信上……一位谈判者必须考虑到，在他的一生中需要处理的不止一桩事，确立他的声誉是符合他的利益的，必须把它看成是一笔真正的财富，因为这利于他在今后其他谈判中获得成功……”他还对做好情报工作的必要性提出他的看法：“一位将军宁可在军队中减少一个团的名额，也必须对敌军情况、兵力配备和一切行动了如指掌……”

其他的一些建议带有他的时代、环境甚至他本人性格的标志。他说：“跟北方国家的官员打交道，酒量好的人有时要比不沾酒的人更顺利，只要知道自己不醉而让别人喝得丧失理智就可以了。”还有：“如果在他所处的国家里与女性来往较为自由，谈判者不应该忽视这点，要竭力讨好她们，赢得她们的尊重，使她们有利于工作，她们美貌的力量往往可以促成最重要的决议，从而完成最重大的任务。但是在凭气派、礼貌甚至调情获得她们好感的同时，他自己不能动心。他必须时刻记住爱情一般都伴有不谨慎与鲁莽，他一旦听命于一位美女的意志时，不管是多么明智，都有保不住秘密的危险。”

* * * * *

从 20 世纪最后 30 年起，弗朗索瓦 · 德 · 卡利埃的身后令名在各个领域不断坚实与扩大。不再仅仅在外交界，他的那部大著作被视为经典，所有对谈判艺术——如谈判技巧、谈判伦理、谈判在人际关系中的作用以及在贸易界的头等重要性等等——感兴趣的人无不如此。《与君王谈判术》在最优秀的商业学校、最有威望的高等学府都被列为必修课——哈佛大学的某位教授强调卡利埃的价值，把他看成是以理服人的使徒，甚至是“软实力”观念的创始人；东京大学的另一位教授，依托他的作品研究企业内部两性职员的关系；还有其他许多学校，如西班牙纳瓦拉大学或伦敦商学院，拿路易十四的做事谨慎的顾问作为课堂参考书目作者。奇怪的是，对于本国这位遭世人遗忘的法兰西学院院士的重新被发现，法国倒并不急于跟他攀亲戚。

这部书如此一鸣惊人，冲出外交界的小天地，弗朗索瓦·德·卡利埃对此情景不会不高兴。然而，他本人口口声声谈到的是“谈判者”，从来不用“外交官”。“外交官”这个词在他那个时代尚未风行，只是在他故世后才得到普遍使用，他本人也未必见得欣赏。一位谈判者的任务既明确又广泛。我们可以谈判一项条约、一次停战或一份合同，同样也可以是一份婚约、一次友好分手，或者一份工作、一次选举、一项任命——卡利埃不就是这样行事后，在法兰西学院坐上一把椅子，在国王内阁又坐上另一把椅子的吗？他的那部书写得像本教科书，而不像回忆录，他很少提到自己本人，但是大家猜测，他向读者推荐的这些箴言，都是他自己的经验之谈。

“任何有识之士，渴望取悦跟他打交道的人，一般来说都会成功，都会找到让人洗耳恭听的方法，”他对我们保证说，“谈判术的最大诀窍之一，跟人谈判就是要说服他，那就要把道理一点一点灌注到他的脑海中。”

我们有理由相信他的话是对的。他接着提出的忠告，不应该认为所针对的仅仅是他出使前去工作的几个国家；尽管表面看来如此，其实他也想到自己的国家：“谈判者必须适应他所在国家的风俗习惯，不要露出嫌弃的表情，不要轻视它们……他决不应该谴责政府的形式，更不应该谴责他与之谈判的君主的行为。恰恰相反，他发现有所可取之处必须赞扬，不做作，不谄媚。世界上没有一个国家和政权不是在坏的法律之中也有不少好的法律；他必须赞扬好的法律，而对不好的法律则缄口不谈。”

回顾来看，他本人的经历仿佛就像他作品里教诲的实录。

1645 年 5 月 11 日，弗朗索瓦 · 德 · 卡利埃出生于托里尼这个诺曼底小村庄，那个世纪社会等级森严，他出身平平，财产又不丰厚，不像会有远大前途。但是他知道如何耐心地、勤奋地、合理地利用他的亲友留给他的一些恩泽。

他的父亲雅克 · 德 · 卡利埃是个有教养的人，跟不少文人保持通信关系，其中有让 · 沙普兰，还有其他几位法兰西学院院士。他关心让孩子受良好教育，给他们提供书籍，督促他们阅读，切实理解。他自己也写过几部作品，主要有《有志之士和乡绅贵族的前程》，获得一定程度的成功。这部书出版于 1657 年，那时弗朗索瓦十二岁，肯定极大影响到他今后的人生。为了确认这点，只需看看他父亲著作的篇章目录便知一二：“有志之士必须寻求功名”，“最短的捷径是获取君主的欢心”，“跟敌人与嫉妒者的相处方法”，“长袍比宝剑更易飞黄腾达”，“乡绅贵族可以服务领主，进而服务国王”，等等；还不要忘记：“是否应该为爱而结婚”，对这个问题，这位诺曼底地主老爷写了四页，给出一个模棱两可的回答：可以是爱，也可以是不爱……

不管怎样，这点是清楚的，儿子的行为完全顺着父亲思想的指向而行。他自己那部书的写法也相同，只是涉及面更广。

我们还可以谈到他父亲的另一笔遗产，使这位法兰西学院院士得益匪浅，从而跃入了上层社会。雅克·德·卡利埃高攀上了一家大贵族，那是奥尔良－隆格维尔公爵家族。他一辈子忠心耿耿服务他们，他们也义不容辞地保护他与他所有的家庭成员；他有一段时期还在他们的保荐下当上瑟堡的行政官。

儿子同样献身为他们服务，获取他们的信任，得到交给他去完成的第一项重要任务。青年公爵，又称夏尔－帕里斯，认为自己有机会当波兰国王。弗朗索瓦·德·卡利埃奉命去协商这件事。他到了现场，编织人际关系，眼看着成功在望。那个时期，波兰贵族分成两派，一派亲奥地利，一派亲法兰西，法兰西派有机会获胜。但是候选国王 1672 年在莱茵河上一次交火中身亡，使者辛辛苦苦的努力都归为乌有。然而他执行任务时在波兰建立的关系网，使他在二十年后给路易十四帮了一个大忙，这件事把他送进了内阁。

他就这样进入权力中心，懂得要让自己变成不可或缺的人物，逐渐变成国王最亲密的合作者之一；他作为秘书，竟然获准可以合法地模仿他主子的笔迹。当然他从来不曾成为一线的重要政治人物，但是他有足够的影响：当弗龙特纳克伯爵 1698 年逝世时，他可以让自己的弟弟路易－埃克托尔获得提名当新法兰西*总督。眼红这个职位的人很多，而且都是权势更大的重臣；但是路易十四当机立断，作出有利于卡利埃的决定，这说明这位法兰西学院院士八面玲珑的做人本领。

弟弟也没有令他们失望。他胆大敢为，以至于被某些历史学家认为他是在加拿大的法国行政机构中最有活力的官员；他甚至向国王建议占领纽约。但是他英年早逝，没有能够实现他的雄心壮志。1703 年 5 月升天节那天，他正在魁北克大教堂里望弥撒，突然大出血，几天后逝世。蒙特利尔有一个地方叫卡利埃角，就是对他的纪念。

*****

总的来说，这把椅子的第五位座上客，一生过得既有勇气，也有手腕。他像一位象棋手长年俯身对着他的棋盘，思考他那个时代的社会，分析它，琢磨他若移动这个或者另一个小卒会有多少成功机会……可以前进时他前进，应该后退时他后退；从来不会放弃盯着他的最终目标：在他的世纪留下他的痕迹。

他出身卑微，后来平步青云，毫无疑问是个发迹者，但不是个不讲原则的人。当他 1717 年 3 月 5 日在巴黎圣奥古斯丁路逝世

* 即法国位于北美洲的殖民地，最广阔时可划分成加拿大、阿卡迪亚、哈德逊湾、纽芬兰、路易斯安那五个区域。

时，留下一大笔财产；清理他的收藏品时可以看到二百五十多幅大师油画作品，其中有鲁本斯、委罗内塞、提香……他未曾结过婚，把他的财富主要遗赠给了巴黎的贫民。

去世那天，他作为院士、作家尤其是伟大国王的顾问，享有一定盛名。但是从其自身来说，若非这部奇书，实在没有什么可以让他青史留名的；这部书出版于他去世前一年，倒成了他走向不朽之路的真正护照。

## 第六任

红衣主教安德烈－埃居尔·德·弗勒里

（André-Hercule de Fleury，1653—1743）：

在国王耳边说悄悄话的不朽者

如果说弗朗索瓦·德·卡利埃知道怎样打通进入路易十四内阁的道路，他的继任院士安德烈－埃居尔·德·弗勒里接下来走得更远，他是与红衣主教黎塞留、马萨林一脉相承的政治家。在他的任期中，法兰西学院的第二十九把椅子在法国是仅次于国王御座的最有权势的座位了。

1717 年当选时，他还不曾统领王国政务，但已是一位显赫人物。他曾是王后的指导神父，后来又是路易十四本人的指导神父。路易十四临终前任命他为未来的路易十五国王的导师。路易十五还只两岁时，一连串丧事接踵而来，使他成了他曾祖父的皇太子，五岁即登基当国王。这孩子喜欢这位神职人员，只信任他。当皇家马车经过时，民众拥挤在道旁企图透过帐篷看一眼年幼的国王，在他旁边对他微笑、在他耳边说悄悄话的就是弗勒里。

他凭这件事就拥有不同一般的身份；对于那些接近他的人，首先是学院的同仁，他毫不在乎让他们感觉到这一点。在庄严入院的那天，他说："承蒙厚爱，你们全体一致选举我进入你们的学院，你们无疑也以此表示对你们尊贵的保护人的尊重，你们把法兰西学院院士的位子看成是一份遗产，犹如国王在最后的日子里对我的嘱咐。"

1715 年 9 月 1 日，路易十四逝世。他在 1643 年登基，足足统治了七十二年。很少法国人还记得他不当国王的年代。当然他们因为他连年发动战争，劳民伤财，受苦甚深；他们怨他，甚至恨他，他本人——据说——在病床上也后悔自己那么好战；但是法国保持了秩序和稳定。他的王朝的辉煌自然而然成为自豪的理由；不少人那时还在问，他的逝世是不是会使国家后退到内乱与混战的时代。

弗勒里还向他的同仁提到，他是“那个不幸的日子以后”第一个被他们的学院接受的人。然后他向他们谈到已故的国王，用的词语十分奇怪，若不是从这位前指导神父的嘴里说出来的话，还很不妥当。

“想到路易在上帝手里受点委屈，接受他早已习惯忍受的磨难，把磨难看成是对人类摆脱不了的缺点的一种正常惩罚，这总还是不错的，要胜过他不得不忍受的长久统治和历年战争。我一点不怕向你们提起这些充满痛苦，几乎天天回避不了新仇旧恨的日子，也正因为它们使他日益荣耀。”

当他在同仁面前向学院创建人黎塞留红衣主教致敬时，这位新院士毫不在乎表示出一定程度的亲近，他说：

“阿尔芒 *，一提到他的名字，首先让人想到这是一位十全十美的大臣；他是将相之才，担任枢机大臣时，不仅把法国治理得超过其他王国，还带动后人加入他的建国大业；阿尔芒，我要说，把国家的荣誉看成是自己的荣誉，非常明白把当世这些热爱文艺、志同道合的俊彦才子，组织在一个团体内共同建设我们的语言，必然会使它臻于十全十美，能使法国人应付任何重大的计划，既有力量，也说得诤诤有理，无愧于罗马与雅典的光华。”

他这样的直言不讳令人起疑，其目的不论是引起听众的惊讶还是愤懑，听了都以为他已经处于权力顶峰。其实他那时才刚刚开始得志。有朝一日，“埃居尔”这个名字或许会像“阿尔芒”和“朱利乌斯”，属于治理法国的神职人员；但是1717年6月23日入选法兰西学院那天，他仅仅是国王的导师而已。

他最大的荣誉迟迟才降临，并不表示他已无大事可做。他在七十三岁时总理政事，牢牢掌权直至九十岁；这在历史上也很少有与之相匹敌的光辉事迹。

弗勒里虽然野心勃勃，但不是个急于求成的人，从不显出他要一步登天的样子。他带着无穷的耐心等待时机到来。

他的仕途开始时与他这个阶层的大多数青年无异。1653年他出生于朗格多克地区洛代夫镇的一个小贵族家庭，从童年起便设

---

* 即黎塞留，全名阿尔芒·让·迪普莱西·德·黎塞留，此处弗勒里直呼名字，而不是以姓氏敬称。

定要过教士生涯。他在蒙彼利埃耶稣会神父那里开始学习，在巴黎继续深造。由于学业优秀，长得英俊，谈吐文雅，加上父亲几位有权势的朋友的提携，二十四岁那年他当上了王后的指导神父，过了几年又成为国王的指导神父。这个职位使他处于权力中心，虽不因此成为一线人物。国王手下其实有一个“宗教处”为其服务，由一位“大指导神父”领导，一般是主教级，处内有十一二位各个级别和年龄的指导神父。以此来说，弗勒里在1699年当上弗雷瑞斯主教，对他来说这是一次晋升，然而他却有点把这次升迁看成一次放逐，因为他必须离开凡尔赛宫廷以及宫廷的奢华宴会和钩心斗角。

弗雷瑞斯在那个时代是一座接近萨伏依公国的边境城市，还包括尼斯，后来有一天这里成为建立现代意大利的核心地区。路易十四与这个邻居，还有其他邻居，都保持着复杂的关系，时而结盟，时而毁约，时而进行劳民伤财的战争，时而缔造脆弱的和约。

1706年5月，两国关系紧张到极点，那时国王派遣四万士兵围困萨伏依首都都灵。摄政王维克多－阿梅代公爵向奥地利人求助，奥地利人由欧仁亲王率领前来救援，这位亲王是他那个时代最著名的军事领袖之一。在四个月围困后城市取得突破，法国军队遭到惨败。到了今天，都灵人还是每年9月7日纪念突围胜利。

公爵与亲王取得胜利，决定乘胜追击，轮到他们入侵法国国王的土地，他们的目标是土伦港。他们在1707年8月进攻，得到英国人的支援，法国舰队为了不落入入侵者之手，不得不自凿沉入海底。

入侵者在反攻途中，到达了弗雷瑞斯近郊，要求对方投降。主教曾做过国王的指导神父，一般人都可能预料他在这场考验中会效忠于国王。但是他明确指出他首先关心的是子民的安危，他给入侵者传话，建议跟他们做一个交易：他们如果不对居民烧杀掠夺，他将在城内主教座堂给他们举行一场谢主弥撒。弗勒里果真穿上节日盛装给萨伏依公爵和欧仁亲王主持弥撒礼，他们也阻止自己的军队骚扰居民、夺走庄稼。教区老百姓对这样的安排喜出望外，但是凡尔赛宫对那时他们所称的“弗雷瑞斯先生”大发雷霆。给国王的敌人高唱颂歌？有人控告主教忘恩负义，犯有叛逆罪。

唯一不责怪他的，倒是据认为被他背叛的那个人：路易十四。至少可以这样认为，因为隔了不久，那天国王要给他年幼的皇太子挑选一位老师，他指派的是弗勒里，他甚至还小心翼翼在遗嘱上追加一条，指名道姓让他担任这个职务。

* * * * *

未来的路易十五在两岁时有过一次悲剧，这使他终生成为一个不幸、脆弱与得不到满足的人；但是这也首先让他坐上了王位。一场流行性麻疹在一个月内带走了他的父亲、母亲和哥哥，只留下他当了曾祖父的皇太子。他的教育问题交给了主教，这样一个任务远远超出一个导师的范围：主教在这位皇家孤儿面前充当父母的角色；对他，主教是教师、引路人、同伴、顾问，还是国家支柱，扶持他面对这个成人世界。

路易十五此后对他的导师从未摆脱过少儿情结。若由他说了算的话，他当国王后会立即任命弗勒里担任最高职务。但是朝廷各派势力相互倾轧，不论幼主还是老臣，都还没有足够的权势把自己的意志强加于人。

真正的权力一开始落在奥尔良的菲利普手里，他是路易十四的侄子，作为摄政王行事。他任期内最大的影响是法国遭受了历史上最震撼人心的银行倒闭——这也是苏格兰银行家约翰·劳建立的“金融体系”的崩溃。花费无度的路易十四王朝欠下大笔债务，数目高达十年的国家收入；为了填补巨额亏空，摄政王同意约翰·劳印发纸币，让王国的金融财政由他一手操办；但是纸币迅速贬值，致使许多人破产。政府威信大失，遭到唾弃；但是国王因年幼而没有受牵连，民众对他还是非常热爱。

在十三岁生日那天，他宣布已达成年，可是实权依然掌握在老摄政王手里。后者在 1723 年 12 月突然死亡，国王还不到十四岁，另一位“有王家血缘的亲王”自荐当宰相，他是路易－亨利·德·波旁公爵，一个臭名昭彰的腐化与无能的人。少年国王觉得自己没有力量拒绝，不过他要求新权臣只有弗勒里在场时才与他谈论国家大事。

波旁很不情愿地接受了这份束缚，心里盘算着一旦能够做到就摆脱它。

他分两步进行。首先竭力赢取路易十五的信任，带领他参加王族的游戏——主要是狩猎和游乐。后来知道他对女性产生兴趣，答应不久给他娶亲。

根据一份条约，国王已与西班牙公主定了亲。这件事发生在1721年摄政时期。路易那时十一岁，他的未婚妻三岁。她甚至还来法国居住，但是不在同一个屋檐下。大家称呼她为“王后公主”。国王到了十五岁，表示出娶亲的强烈欲望，他的未婚妻还只有七岁，要成婚不再等上好几年是不行的。波旁公爵决定撕毁婚约。弗勒里反对，但是他明白这是国王的愿望，没有竭力阻止。悔婚后果不堪设想。他们必须把公主护送回国，这在西班牙人看来是奇耻大辱，几乎等于宣战。但是摄政王一心按照自己的计划行事，开始寻找另一个亲家。

他相中了斯坦尼斯拉斯·莱兹辛斯基的女儿玛丽。莱兹辛斯基是波兰贵族，他借助瑞典人的力量匆匆登上王位，不久又被废黜。根据当时的标准，对法国国王来说，这场亲事门不当户不对，但是这位公主有其他优点：她已二十二岁，比她的配偶年长七岁，这样她可以毫不耽误马上成婚。

当他的“波兰女人”抵达时，路易十五容光焕发，情意绵绵。至今还留有1725年9月波旁公爵写给新娘父亲的一封信，语气热烈地告诉他，国王在洞房花烛夜给了他的妻子“七件爱的信物”……

几星期以后，波旁自信他是国王幸福的促成者，国王夫妇必然对他感激万分，清除弗勒里的大好时机已到。这是在12月18

日傍晚时刻，公爵进入王后的寝宫，要求她派遣她的荣誉骑士请国王过来见她。路易十五正在跟老师谈话，立即离开他来到妻子身边。

他看到宰相在妻子房里很惊奇，但是波旁向他解释，因为他必须马上见他，所以使用了这个花招。他刚才收到一封重要信件，必须给他过目。这封信来自正在罗马出差的一位高级神父，他严厉控告“弗雷瑞斯先生”（那时有人还是继续这样称呼弗勒里）。国王接过信，仔仔细细从头看到底，然后交还给他，一言不发。

“您有什么想法？”公爵问。

“没有想法。”

国王对刚才向他揭露的事没有反应，波旁表示吃惊。他不采取措施，发几条命令吗？他要做什么吗？

“事情到此为止！”路易十五动动嘴唇命令说。

另一位知道他的心机已经落空。

“难道是我不幸引起了陛下不快么？”

“是的。”

“陛下再也不对我有所恩赐么？”

“再也没有。”

“唯有弗雷瑞斯先生才得到陛下的信任么？”

“是的。”

公爵跪倒在他脚边，要求宽恕。国王不朝他看一眼，喃喃说：“原谅你吧。”然后走出房间。

他生气，但是愿意再也不提这件事。他回到自己的寝宫；第二天一早，像往常那样前去狩猎。他回来后传话要见导师。有人对他说导师已经离开凡尔赛宫。

直到这时候，国王才知道前一天在他不知情的情况下发生了什么。弗勒里早已感到有人正在搞什么阴谋。当时他转身朝着王后的寝宫走去，但是公爵的手下人阻止他入内。难道在妻子与大臣的共同影响下，他的学生已经决定抛弃他？这可能吗？他难以相信，但是也不排除这种可能。

那天晚上，他的反击表现出老练的政治手腕：他命人准备马车，离开城堡，给国王留了一封告别信。他在信中说得很具体，我的效力从今以后归于无用，我希望能够到伊西的圣叙尔皮斯修道院隐居，在那里修业祈祷，得到永福。信写得既恭敬又热情，当路易十五第二天读到时，深信他的亲信将永远离他而去。他哭个不停，第二天早晨，人们看到他惊恐不安，神情萎靡。他对妻子再也不愿说一句话，因为她卷入了一桩阴谋，企图欺骗他。他显得那么激动、颓唐、易怒，有罪的波旁没有其他选择，只得派一名使者到伊西，恳求他的政敌回来。

弗勒里同意回到凡尔赛。公爵在宫里还待了几个月，名义上依然是宰相，但是被剥夺了一切实权。1726 年 6 月 11 日，一位官员捎给他一张条子，由国王亲笔所写，有人认为是由他的导师口授的："我命令你前往尚蒂伊，待在那里直至有新的通知，否则以违抗罪惩处。"路易 - 亨利 · 德 · 波旁回到自己的领地上过日子，从此再也没有出现。

为了防止王后有心庇护失宠的人，弗勒里亲自到她的寝宫，带了另一张条子，同样是他不久前口授他的学生写的。“夫人，我请您，或不得已地命令您，按照弗雷瑞斯主教的吩咐而行，这也都是我的意思。”落款签名：路易。

弗勒里从伊西修道院一回来，国王建议他代替波旁当宰相。他接受职能，但是拒绝头衔。他对国王解释说，由于他年事已高，若是正式的宰相，必然有许多文书报告要他签署，难以脱身处理朝政。况且他怎么也不需要各种头衔，重要的唯有国王的信任；只要有了国王的信任，他可以按照自己的理念去领导政府；他若失去国王的信任，他的头衔对他也不再有用，不久前失宠的波旁可作为例子来说明这点。不过，他当“弗雷瑞斯老主教”为时太久，国王若能在教皇面前说项，使他获得一顶红衣主教的帽子，他会满怀感激地接受。

当他执掌权柄时，他已七十三岁，大家都相信他就再待上几个月而已。他活着，他治理，时光流逝，显得对他毫无影响。八十岁、八十四岁、八十六岁——他周围的人都禁不住算起了他的年纪。八十七岁、八十八岁。朝臣们瞧着他简直不敢相信。当他轻轻松松活到九十岁，头脑清晰，德高望重，国王对他的信任如同往昔，他的年龄不论对他的亲信还是反对者，都传为美谈。在公开场合，当然称呼他“阁下”；但是他不在场时，称他“不老翁”……

圣西蒙公爵对弗朗索瓦·德·卡利埃尊敬有加，讨厌他在法兰西学院的这位继任者，做出瞧不起他的样子。他仅仅承认“弗勒里在年轻时长得一表人才，一辈子保持那样的残余仪态。他谴责他在大人物面前总是卑躬屈膝，殷勤出入他们门下，其实他在那里是个无足轻重的人，经常抢在人前说些奉承话”。

公爵不能接受的是，一位外省小乡绅居然能够升得比他高许多。不错，卡利埃的出身更低；但是他一直是为国王服务的人；而弗勒里——据这位回忆录作家气呼呼的用语——变得“更像个绝对君主，而不是个宰相”。

路易十五的良师在他那个时代以及后来，都有不少反对者。他的政府组成在讲究排场的奢靡年代后，不能不显得寒酸，没有气派。他操心的是和平、清理财政、稳定货币，使经济重上轨道。有人谴责他没有为了控制北美洲而坚持跟英国人打下去；他若真正想使新世界变成一个新法兰西，必须运筹帷幄，主要是建立一支强大的海军；这会引起大量财政支出，他选择不这样做。他治理国家谨慎小心，可能太谨慎小心了一点，有时宁可遭受损失也不轻易去冒前途难料的风险。这种态度更接近卡利埃而不是路易十四的学说。此外，把弗勒里入选法兰西学院时发表的演说仔细阅读后，可以看出他对已故国王的一个批评，国王临终前所受的痛苦，可以说是上天对他“恰如其分的惩罚”，不是因为他那些“人类不可分离的缺点”——骄奢淫逸——而是他发动“长年累月的战争”。

对一个国家来说，清理财政，发展公路，要胜过占领一个新省份，这样的政治理念符合我们今天的感情。有一天，前总统瓦莱里·吉斯卡尔·德斯坦被人问到，历史上哪个时代他的国家得到了最好的治理，他毫不犹豫回答说：“1726 至 1743 年之间是个了不起的时期，那时法国政府是由弗勒里红衣主教领导的，他是我们曾经有过的最优秀的宰相，一个外省人，做事严格，他振兴国家财政，却没有把钱放进自己的腰包。”

早在 18 世纪，弗勒里这种既讲究良知又不忘严格的作风，给他带来一些意料不到的赞词。伏尔泰在《路易十五时代简史》一书中关于他是这么说的：“大家需要他喜欢的这个和平……他让法国静静地弥补损失，扩大贸易去发财致富，不标新立异，对待国家如同一个强壮结实的躯体，让它自愈恢复。”这种话里有话、暗含赞扬的话，来自一个不是他阵营里的人，而他在前几行的语句中，提到他时还说“他性格中缺乏崇高理想”，他的精神“狭隘”……

孔多塞侯爵讨厌红衣主教，崇敬哲学家，他曾给伏尔泰写了一部出色的传记，看到这条相对善意的看法很恼火。他的解释是：“伏尔泰跟他很接近，因为他就是爱打听路易十四王朝的宫廷逸闻，弗勒里也喜欢说。”接着又加了一句，说后者实际上更可说是哲学家“不出面的迫害者，而不是保护者”。

最后一种看法令人想起他性格的另一方面，这是弗勒里的反对者有时直言不讳、有时字里行间对他的指责，说他还把这个同时传给了他的国王学生，那就是闪烁其词。众口一词提出那么多的证据，很难叫人不相信，但是话要说回来，这个缺点在出入朝廷的大官中应该不少见。

更为严重的是孔多塞提出的另一条指控：“为了易于统治，弗勒里要阻止法国人去议论，甚至去思想。”事实上也是，红衣主教一旦感到苗头不对，凡是对教廷和王权有所不服从的，就毫不犹豫加以严厉对待。当他们宣扬另一种严格的宗教观，对专制主义表示怀疑的时候，他大肆镇压冉森派。1731 年，他下令封闭亭子间俱乐部，那里聚集了二十来位知识分子，每周六晚上在铜柱广场的一座特殊公馆内开会，对社会和政治改革进行自由议论。这样的圈子来自英国传统，在启蒙时期开始时也有不少法兰西学院同仁出入其间。

弗勒里接着还担心来自英国的另一个新现象，它具有极大吸引力，尤其在贵族和文人中间，那就是共济会。这个组织的起源极为古老，但是一般认为其现代的组织形式是 1717 年随着伦敦成立大支部后开始的。作为基础的组织法是由一部分奠基人制定的，其中有一位胡格诺牧师让 · 泰奥菲勒 · 德萨吉利埃，原籍拉罗谢尔，他大约是在南特敕令撤销时随着全家逃离法国的。

最早的几个支部不久前在巴黎成立，起初是几位英国侨民，后来有高层的法国人参加。弗勒里一开始下令警察局调查；四个月后他得出结论，支部必须停止活动，“已引起陛下不快”。真相可能恰恰相反：路易十五好像接触后受到了吸引，他的亲信中也有人参加，有几个还鼓励他走上这条道路，但是他的老导师要干脆把它切断。但这不过是一声警告，镇压是很有限的；每次治安部队获知在某个公共场所有集会，派人前去禁止，总是碰上几位朝廷大臣，如安坦公爵或克莱蒙伯爵，警察局官员当然不愿意惹麻烦，就只是对店堂老板轻轻一罚了之。

说实在的，弗勒里在感情上对这件事也左右为难。共济会在法国初创时也曾跟他联系过，表示他们乐意看到国王本人接受会长一职。红衣主教经过一番思索，认为还是谨慎为妙，教皇对这个运动持怀疑态度，正在准备压制它，国王可能会走上与教皇相冲突的道路。同时，弗勒里也丝毫不想在这个问题上跟国王的朋友与亲戚搞得剑拔弩张。

据某些历史学家的看法，他对待这桩棘手的事件八面玲珑，手段非常巧妙。这样当他得知圣座将要发布一道教皇谕旨，谴责共济会，禁止天主教徒参加时，弗勒里抢在前面——在 1737 年 8 月由他先行禁止。以至于这道《教皇谕旨》公布那天，事实上已经迟了几个月，他拒绝在法国境内执行，认为这个问题早已得到解决。

* * * * *

在法兰西学院内部，第二十九号坐席的座上客有时候行事好像是个太上皇，而不是彼此平等的院士。当那位著名戏剧家让 · 拉辛的儿子、诗人路易 · 拉辛，准备提出参与院士选举的申请时，弗勒里怀疑他有亲冉森派的嫌疑，把他调离巴黎，任命他到马赛当皇家财政稽核，后又再调至其他城市；他只能在四分之一世纪后红衣主教逝世了，才又回到首都。

这个人同样一度阻止孟德斯鸠的当选。孟德斯鸠的《波斯人信札》里面对王权进行含沙射影的批评。作家说是他的出版人擅自添加的那几个章节触犯法律，他接着还出版了一部洁本，把它作为唯一的真本上市。弗勒里当然不是好糊弄的人，不过孟德斯鸠的悔过对他也够了；他装作相信他的解释，也就让他当选了。

这是在1728年。这位大作家只得“委曲求全”，去穿过这扇门。但是他进入法兰西学院标志一个新时代的开始，在这个新时代里，神职人员逐渐失势，让位于哲学家。从今以后这两个派别人员的力量对比将要颠倒过来，以至于1743年1月弗勒里主教逝世后，对立派的当然领袖伏尔泰本人看上了他的椅子。

这把具有象征意义的椅子若能攻夺下来，对于哲学家们来说是多大的胜利啊！

# 第七任

## 红衣主教保尔 · 达尔贝 · 德 · 吕内
## （Paul d'Albert de Luynes，1703—1788）：
## 抢先于伏尔泰的不朽者

“法兰西学院、国王和公众都指出我有幸继任弗勒里红衣主教，进入四十人的行列；但是米尔普瓦先生不愿意，他最后过了两个半月找到一位主教来占有本该归我的那个位子，我相信像我这么一个教外人士最好永远放弃法兰西学院，享受民间给我的荣誉……”

伏尔泰是在1743年4月4日给朋友写了这封信，后来显然没有“永远放弃”。他在三年后又出面竞选，得到一致通过。他的一时挫折令人想起一百年前高乃依的遭遇；在《熙德》作者这件事上，可以解释为黎塞留恨他，大家不愿意他尸骨未寒便对他表示大不敬。《查第格》的作者伏尔泰是他那个世纪的文学界之光，原因有点类似，但是不那么明显。

于是他亲自出马控诉米尔普瓦主教。这位院士以敌视启蒙时期哲学家而闻名，在这件事上据说甚至违背了路易十五的意愿；但是孔多塞可以说是伏尔泰的精神弟子，反对这个看法。他在老师去世后做了一次小小的调查，获知“这实在是国王本人不愿意伏尔泰继任弗勒里红衣主教在学院的位子。陛下认为这两人之间差异实在太明显，要让一个人亲口颂扬另一个人，这样的对照会贻笑大方”。

这个解释听了令人信服，伏尔泰本人应该也猜到这种可能。但是他不能公开承认；若有朝一日获得入选的机会，说是国王看中他，对他还是有利的。

为了“填补”哲学家看中的“那个位子”，他们“找来了”巴约的主教保尔·达尔贝·德·吕内。是一位神职人员接替另一位神职人员吗？还可以加上一句，第二十九把椅子的新主人按照前任的先例，不久也穿上了红衣主教的红袍子，也同样在国王家里行使指导神父的职责。但是这些仅是表面的相似之处，其实这两人在大事上并不一致。弗勒里的雄心是保持王国的权威，吕内则是王国衰落的见证人，差不多相伴到最后阶段，因为他活到了1788年，正是王朝崩溃的前夕。

圣西蒙公爵不是说到弗勒里在晚年还保持了青春时期的“余韵”？这句话同样也适用于他当年掌权的时期。只要弗勒里尚在位子上，旧制度还有一些回光返照。在他之后，已可以说是“洪水时代”*，或者至少已回天乏术，直坠地狱了。

路易十五的导师知道保护他避过世道的无情，还有他周围的恶魔。那位老臣去世时，国王声称要像他声名显赫的曾祖父那样单独执政。但是他自己被接二连三的情妇掌握于股掌之中。他的

* “洪水时代”（le déluge），出自路易十五所说“我死之后，将会洪水滔天”（Après moi，le déluge）。

威信不论在国内还是在宫内都日益衰微。

在这方面有一件逸事非常说明问题，值得一提。1744 年 8 月，国王驾幸梅斯，病倒在床上，以为自己大限已至。他把指导神父召到床头，要求给他做临终傅油。指导神父要求国王立刻把那时的宠妃遣送回去，对自己的罪恶进行公开的忏悔。这份忏悔书立即传达和分发到王国的许多教区，这使国王的形象大大受损。若在弗勒里生前，国王不可能受到这样的污辱。

国王恢复健康后，把指导神父逐出宫门，又贪婪地染上曾经被迫忏悔过的旧恶。但是这件不愉快的事老是缠绕心头，使他对信教的人怀有深刻的怨恨。这显然不是偶然的，他那时钟情的情妇是蓬巴杜夫人，她日后还几乎成了法国王后；她是哲学家们的热烈崇拜者。蓬巴杜夫人的父亲是富有的巴黎商人，祖父是农民。在梅斯事件六个月后，1745 年 2 月的一次假面舞会上她遇见了国王。他封她为侯爵夫人，安顿在凡尔赛宫。他被她的聪明与美貌迷上了，王国的一切大事都向她咨询已成了习惯，这使教士和贵族很反感；在教士眼里她只是个女罪人，在贵族眼里她只是个平民和发迹者。这是“那个蓬巴杜女人”，她说服国王不再反对伏尔泰选入法兰西学院。

我们听说选举是一致通过的，既然如此可见吕内也作出了这样的选择。毫不热心，这是可以肯定的，因为他跟哲学家一伙实在毫无意气相投之处；勉强也算是表示个好意吧。因为他这个人信念坚定单纯，绝不是阴险的小人。要不是他同时代各个派别的人证实这件事，倒真不好说他是这样的人；同时代人中主要是孔多塞本人，他一边有点嘲笑这位教会中的王爷，一边对他作过一番热情的描写：“吕内红衣主教热烈宣传宗教，努力通过讲道传教阻止在他管辖下的教民四周弥漫不信神的氛围；他任劳任怨，热心工作。他的信仰是真诚的，同时想到其他人有相反的信仰也可以是真诚的，因而为了他的事业的利益，他应该给宽大与正义作出榜样。”孔多塞对我们说，出于这样的想法，红衣主教有时在法兰西学院把票子投给他认为“不信神的人”，只要他们在知识与人品上配得上入选。除此以外，哲学家孔多塞觉得红衣主教“说话啰唆”，但是这一点不影响他承认此人道德高尚。

这么说来，吕内红衣主教在学院内的影响从来都不是太大。他与前任相反，对权力毫不留恋；他不是个政客，也不善用心计，更不研究权术。他勤奋读书，善于思索，热爱天文学和气象学，他会伙同他的科学家朋友，余暇时几个小时观察天象，还制造测量仪器——在他那个世纪，这是大户人家文人爱好的业余消遣。

* * * * *

他生于1703年，是谢弗勒斯公爵的幼子、吕内公爵的孙子，出自曾经显赫几世纪的军人门庭。他本人也立志从戎，十六岁时已经是上校。但是一件意外事发生，使他离开行伍。有人对他进行严重的侮辱，当时的荣誉准则要求他必须用血为自己的姓氏雪耻。青年军官可是下不了这样的决心，他认为这样的行为跟他的宗教信仰背道而驰。他犹豫、拖延，最后是他母亲强迫他作出选择：要么去决斗，要么进入教门。他宁可进修道院。“他离开一个危险的职业，按照他温和虔诚的天性去履行好像早已为他准备的天职”，这是下一世纪出版的《古今传记大全》中说的话，那部书卷帙浩繁，弥足珍贵。

当然，这位未来院士在这件事上是根据自己的信念与脾性行事，但是在他的个人选择中不难看出在他的族群中蔓延的心理状态，这很说明问题，就是贵族已经日暮途穷，他们还享有权力和特权，但是再也没有战斗的欲望。

他依靠他的出身，更多依靠他的志向，平步青云进入高级神职阶层，二十六岁当上巴约主教；后又变成桑城大主教，“高卢和日耳曼宗主教”；然后又是红衣主教。路易－斐迪南王储，也称法兰西的路易，其妻子是玛丽－约瑟夫；吕内当了她的首席布道师，也就跟王储建立了友谊。

许多人都把希望寄托在王太子身上，因为他是路易十五唯一的合法儿子。他好像比父亲更善于思索，也不像他那么追求声色，不打猎也没有奸情。当国王和玛丽·莱兹辛斯基的婚姻只停留在纸面上时，他们两人之间不再交谈，甚至还每日不声不响钩心斗角；王太子与他的妻子则相互保持忠诚，把时间花费在孩子身上，显得恩恩爱爱，这一切使关心王国时局的人对他们非常尊敬。

法兰西的路易信任吕内红衣主教，要是他登上王位，可能会邀请他扮演相当于弗勒里那时的角色。这是没法知道的了，因为王太子得了严重的肺痨病，1765 年 12 月极端痛苦地死去。他那时三十六岁。他的妻子因为侍候在他身边，也染上同样的病，十五个月后弃世而去。红衣主教在两人的最后时刻都侍奉在侧，凄惨地把他们一前一后送走。

某些历史学家认为，那时旧制度的凶兆已经显露，这位亲王一死，使王朝失去力挽狂澜的最后机会。路易十五突然死于 1774 年，假若他的继承者就是他的儿子，一个四十四岁的壮年汉子，做事深思熟虑，富有经验，王国传到他的手中，比传给他的孙子、十九岁登基的路易十六要好得多。但是这仅仅是猜测。王国能够得到拯救吗？或者只是一次缓刑？还是它无论如何都会给历史之风吹走？这是谁都不能肯定的事了。

对于吕内红衣主教来说，太子之死——不用怀疑——是一件伤心事，也深感失望。此外还有不少其他事。在大革命前的几十年间，这把椅子的第七位座上客，眼看着他在其中长大的社会秩序分崩离析，心头沉重，束手无策，完全无能为力。

造成创伤最大的一件事发生在 1763 年，那时，耶稣会会士被逐出法国。耶稣会那时正经历着它历史上最黑暗的时刻，不久前被葡萄牙从本土和殖民地驱逐，后来又被从西班牙、那不勒斯、西西里和帕尔玛公国赶走，最终在 1773 年遭到教皇的正式取缔。

耶稣会失势，其中的理由众说纷纭。在美洲，被责怪鼓励土著组织起来，进行自治，甚至唆使他们独立；在中国，责怪他们为了便于在当地定居，在基督教教义与当地祖先的祭礼之间采取折中调和的做法；在欧洲，说这些人傲慢无礼，影响太大，因为精英们的教育完全掌握在他们手里。他们的敌人为数众多：有冉森派，也有共济会，以前与他们都有过激烈的斗争；还有专制政体的信徒，把他们看成是国中之国；启蒙派的门生，则把他们看成是搞迷信的僧侣兵。在我写这些话的时候，在圣彼得大教堂的宗座上坐着的教皇方济各，正是一位属于耶稣会一脉的神职人员；这样的事还是第一次出现。过去，若有一个宗派有自己的想法，有自己的做法，有自己的等级制度，在这个制度的顶层居统治地位的是一位外号叫“黑教皇”的领袖，教皇们对此总是心存芥蒂。

吕内红衣主教反对把耶稣会驱逐出境；他为此还给路易十五写了几份上疏，给教皇也写过，却没有效果。那时候全世界太多力量都结盟在一起；尽管“高卢和日耳曼宗主教”头衔显赫，但也不能影响时代潮流。他只得在科学探索中寻求安慰。在那些年代，世人知道他的也只有一篇论文，那就是论水银在气压计中的性能。

* * * * *

把耶稣会会士逐出法兰西王国所采取的措施中，包括查封他们的机构和没收他们的财产。他们在巴黎的初修院是一幢巍峨的建筑，坐落在圣叙尔皮斯教堂附近，经过几年时间变成大东方的总部。以这个名义，在里面举行了法国共济会历史上最具象征性的仪式之一，那就是接纳伏尔泰进入“九姐妹”（des Neuf-Soeurs）支部。

爱尔维修夫人是理性主义哲学家克洛德 · 阿德里安 · 爱尔维修的未亡人，根据她的倡议，在 1776 年建立了“九姐妹”支部来纪念她的丈夫，目的是让学者、艺术家、哲学家、诗人聚集在同一个共济会支部内。所谓“姐妹”，是希腊神话中的九位缪斯。支部全盛时代有一百六十个“兄弟”，其中有许多当时的名流，如美国独立之父之一本杰明·富兰克林、雕塑家乌东、发明家雅克－埃蒂安·蒙戈尔菲耶、天文学家拉朗德、动物学家拉塞佩德和医生吉约坦，还有几位院士。可是，如果它不曾有机会接待那个时代最伟大的人物伏尔泰，就永远不能走出阴影。

这是在1778年。这位费尔内长者*已经二十八年没有进入巴黎，当局好几次让他明白他的到来是不受欢迎的。但是这一次他坚持要回来。他不顾一切代价要重睹首都。他的敌人会怎么样呢，把他关进巴士底监狱？他已八十三岁啦？好吧，让他们把他关进去吧！他在2月10日到巴黎，住在门生之一的维莱特侯爵家，他的府邸坐落在“泰坦河滨道”上，后来改名为“伏尔泰河滨道”；他住在那里，这是一场真正的朝圣节，一百一十天后他也长逝于此。

关于这次最后的旅行，有一部珍贵的资料集《文学、哲学与评论通讯》，由格里姆男爵在那几年记述，在狄德罗和其他几位合作者协助下完成。资料集对1746至1793年间的文化生活有详尽的记录，定期发送给少数几位订阅者；订阅者的姓名是保密的，但是大家知道俄罗斯女沙皇叶卡捷琳娜二世也在其中。

3月30日星期一，伏尔泰到卢浮宫，那里一直是法兰西学院的本部。沿着伏尔泰经过的河滨道和马路上挤满了人。群众只是

---

* 费尔内长者（patriarche de Ferney），对伏尔泰的尊称。伏尔泰生前曾久居费尔内，著书论说，推动启蒙运动发展。

在他一路走来时才慢慢分开，跟着他的步子立即拥上去，掌声与欢呼声持续不断，这是据《通讯》的记载。然后又说："法兰西学院全体人员到第一大厅迎接他，这是它对任何一位院士从未给予过的荣耀，即使对于愿意出席大会的外国亲王也不曾有过。有人请他坐上主席位子，大家一致要求他接受将在季末空缺的席次……虽然没有主教大人的参加，会场还是挤得满坑满谷。至于主教们不出席，有的是事出偶然，有的是憋着股神圣的劲儿，认为这样做是保全了教廷的荣誉或主教的傲气——其实这一点人人知道是一回事而已。"在伏尔泰的一位崇拜者笔下透露出一点反教权的语调，这是不足为奇的，但事实确是这样，吕内红衣主教和学院内其余神职人员，阻止不了他们的同仁向德高望重的稀客致敬，自己除避而不见以外也无其他选择了。

当天下午，伏尔泰到法兰西喜剧院，剧团和观众在那里给他献上一个不可忘怀的欢迎礼。他待了好几个小时才出来，天已大黑，一群人似痴如醉等待着他。"老百姓大喊：'拿火炬来，拿火炬来，让大家都能看到他！'当他登上马车，群众冲过去围成一圈；有人登上踏脚板，有人扒着车门要吻他的手……有人要求驾车人慢慢走，才可以跟着他，有一部分人这样一路高呼：'伏尔泰万岁！'一直送至皇家桥前。"

《通讯》的编辑在脚注里还详细说："这一天的大小细节都有人会感兴趣，我们在此也不想忽略伏尔泰先生出场时所穿的衣服。他戴了他那有灰色发髻的头饰，天天由他亲自梳理，因而跟他四十年来所见相差无几；花边长袖，华丽的黑貂裘皮大衣，这是几年前俄罗斯女皇差人送给他的，上面衬一块美丽的紫红天鹅绒，但是没有装饰任何金箔……”

还有一件事不妨说一说，那就是把一位名人当作活着的“偶像”那么对待，在这以前还从来没有过。自此以后，对演员、歌星、体育明星或者政治人物的偶像崇拜成了风俗。几乎可以这么说，伏尔泰最后在巴黎得到的接待，促生了一种社会行为，至今还生生不息。

八天以后，4 月 7 日星期二，在耶稣会从前的初修院举行一场共济会庆典。时间是在上午。大厅里“铺上蓝白相间的地毯，黄金白银镶边，还有各支会的旗帜高高飘扬”，共济会这样报道。

那里还有许多人聚集一起，只为了看上老人一眼。当他出现时，挽着本杰明 · 富兰克林的手臂，仿佛启蒙的欧洲得到革命的美洲的支持，在这个那么具有象征意义的地方，观众感觉自己是这个世界风云变幻的目击者。

是的，这是一场乾坤颠倒的大事，但是大家谨慎小心，甚至在共识上也是如此。在举行仪式的大厅里，放着普鲁士国王腓特烈二世的胸像，因为他是伏尔泰的朋友，还是个杰出的共济会成员；还放了路易十六的胸像，因为支部要对王国的权力机关表示尊重。仪式简短，考虑到了新“兄弟”的高龄。伏尔泰显得虚弱，笑容可掬也难以掩饰他的病痛。亲近的人知道他不服大量鸦片就不能止痛，这使他愈来愈频繁陷入昏昏欲睡的状态。疾病与荣誉都使他筋疲力尽，几星期后，5 月 30 日他离开人世。

吕内红衣主教还活了十来年，把时间花费在科学研究和救济教区穷人。他殁于 1788 年 1 月 21 日，离攻陷巴士底狱那天还有一年半，在路易十六被砍头前整整五年，一天不少。

不知是出于命运的嘲弄，还是同仁们的恶作剧，法兰西学院指定一位青年诗人作为他的继承人，伏尔泰还喜欢把他看成是自己的侄孙。

# 第八任

作家让－皮埃尔·克拉里斯·德·弗洛里安（Jean-Pierre Claris de Florian，1755—1794）：作为奥克语区象征的不朽者弗洛里安是这把椅子的第八位座上客，他在我们的记忆中又留下什么作品呢？是至今我们还在哼的这几句歌词：

> 爱的愉悦仅一时，
> 爱的忧伤伴终身。

在他那个时代，大家主要熟悉他的寓言，据说是继拉封丹之后的最佳篇章。这样的说法是误导。这两位作家绝不可同日而语。拉封丹毫无疑义是所有语言中最伟大的寓言作家之一。弗洛里安也尝试过写这类作品，其中也闪烁着一些亮点，但是他的诗大多都平淡无奇。

然而，他也有自知之明。在1792年出版的诗集序言中，他写到一位匿名对话者，不知是真有其人还是想象中人，作者借他之口说："决不要把你的寓言投入火中，要明白拉封丹是神，有的寓言即使写得差许多，还是很美的。"

他这样谦逊是真诚的，符合他同时代人对他的描述。但是他也谦逊得很巧妙。我们若拿他与他的楷模做比较，会发现他的作品没有多少东西值得记住的；若把"另一位"撇开不谈，在这些发黄的纸页上随时也可阅读到一些可喜的句子，甚至还流传了下来，今日使用时却不知道出于谁之手。比如在《两个农民和云》一诗有这样的对白：

唔，既然这样我也不再说啦！
等到水落石出吧；
笑到最后的笑得最欢！——感谢上帝，
那时要哭的反正不是我自己。

或者在《牛倌和猎场看守》：

然后他说：各人管一行，
奶牛养得壮。

还有在《蟋蟀》：

过得隐蔽，活得幸福。

有时，寓言的题目留了下来，但是其中的教训则很难明白。如《瞎子与瘫子》。弗洛里安从伊索寓言中得到启发，要赞扬两位残疾人的聪明，他们同心协力克服各自的缺陷。

我来背你，你来领路：
我走不稳，你的眼睛给我指导；
我的两腿带你去任何地方，
这皆由我们的情谊决定，
两人都各尽其能，
我代你迈步，你给我引路。

可是，或许是由于那位讽刺画画家奥诺雷·杜米埃的过错，他用上述故事来挖苦外交大臣塔列朗和路易－菲利普亲王，说他们是“瞎子配瘫子”，这样从 19 世纪以后，含义与作者原意背道而驰，竟是指一个无用甚至还有点可笑的联盟。

把拉封丹寓言介绍给弗洛里安阅读的正是伏尔泰。弗洛里安在青年时代不止一次寓居在费尔内的伏尔泰庄园里，哲学家非常喜爱这个懂事、讨人喜欢的青年，也多少把他认作侄孙。

让－皮埃尔·克拉里斯·德·弗洛里安，1755 年 3 月 6 日生于奥克语 * 区中心塞文山脉，父亲属于当地贵族，母亲出生在西班牙。他早年父母双亡，财产丢失，由他的伯父弗洛里安侯爵领养，

* 奥克语，又作奥克西坦语，属于印欧语系罗曼语族，主要通行于法国南部（特别是普罗旺斯及卢瓦尔河以南）、意大利阿尔卑斯山山谷，以及西班牙加泰罗尼亚。相较于现代法语，奥克语还保留有中世纪的部分语言特征。

伯父住在巴黎，娶了伏尔泰的侄女为妻。

在伏尔泰的书信集里，有一封1765年11月1日寄自费尔内："致弗洛里安侯爵先生。先生，我很不高兴您竟那么早就到了巴黎；我真愿意把弗洛里安先生与夫人、弗洛里亚纳*先生多留一段时间。"

孩子那时候十岁。在1775年1月的书信中另外还有这封信，这次是直接写给他的："致弗洛里安骑士先生。费尔内的病翁万分感激弗洛里亚纳先生；他热烈拥抱他……当他以后来到费尔内，他将看到他的新姑妈的妹妹，年约十六；她若不是极为羞涩，完全有资格与弗洛里亚纳先生发生乱伦之恋……以上就是我要向您那个与我'沾亲带故'的家庭要说的话……"

这位青年接着义无反顾地走上大名鼎鼎的"叔祖"给他指出的道路。后者不是在1778年4月进入了"九姐妹"支部吗？"弗洛里亚纳"在第二年也参加了，同时开启他丰富灿烂的文学生涯；首先在戏剧上，有几部剧本获得一定的成功；然后进入各种体裁的写作：诗歌、田园小说、历史故事、诗体短篇、散文短篇、寓言、牧歌诗、励志故事，等等。1782年，法兰西学院给他的一部作品授奖，篇名是《伏尔泰和汝拉山的农奴》，他在书内抨击农奴制。那时农奴制在弗朗什-孔泰某些地区仍然存在，直到大革命时期才废除。

---

* 弗洛里亚纳（Florianet），伏尔泰对让-皮埃尔·弗洛里安的昵称。

1784 年，德裔法籍作曲家让－保尔·埃吉德·马蒂尼为《牧羊人浪漫诗》谱曲，不久即广为人知，尤其是第一句歌词“爱的愉悦”。这篇浪漫诗根据一部短篇小说《塞莱斯蒂纳》改编，叙说西班牙格拉纳达一个孤女的血泪史。书的开头有一篇前言，弗洛里安在文内歌颂西班牙，以及它的文学与语言——西班牙语也是他母亲的母语。他还特地声明，黎塞留红衣主教网罗在法兰西学院的人“几乎都懂西班牙语，翻译或模仿这个国家的作家”。他本人后来花了几年工夫对《堂吉诃德》进行自由的编写，可是他的同时代人和后来人都认为——实话实说——毫无趣味。

1788 年 3 月 6 日，那天是他三十三岁生日，他补选坐上了吕内红衣主教谢世后留下的空位子。他在文学艺术界固然已经小有名声，但是完全知道这仰仗于他的“叔祖”的大名。

“你们中间许多人，有朋友、学生和光荣的伙伴，要把受之于他的恩泽回报在我的身上，”他在正式入选时向他的同仁这么说，“那些把伏尔泰看成尚在人世的人，向我伸出援手，尽管我一路上跌跌撞撞，相当软弱，还是扶着我，指引我随同他们进入这座圣殿。这好比英勇的将士培养一个年轻的士兵获取荣誉，因为他们看到他在青少年时就服务于他们的将军麾下。”

但是启蒙时代哲学家的亡灵并不是弗洛里安唯一的保护人。另外还有一位艺术扶助人，非常有威望，非常有影响，一辈子在提携他。新院士发表他的感谢辞时，他也在大厅里，并且发出他的赞声。这是庞蒂耶夫尔侯爵，路易十四的“庶出”孙子，他的祖母是蒙特斯庞侯爵夫人。弗洛里安十三岁时，他被送入侯爵府上当见习侍从，不久跟他情同手足，此后至死也没有再分开过。

庞蒂耶夫尔出身的这一支贵族成员，大都产业庞大，年纪轻轻即过世；他继承了数不清的遗产，这样毫不费力便积聚了大笔财产，成为欧洲富豪之一。不过据他同时代人的说法，他善于理财。他在不同的省里拥有数不清的庄园；郎布依埃城堡就是他的，后来路易十六要求他把城堡让给自己作为狩猎行宫；在巴黎，侯爵有图卢兹公馆作为“歇脚处”，这座恢宏的建筑后来成为法兰西银行总部。

他这人无野心，不傲慢，待人和善，仗义疏财，忧郁，他是王族中唯一真正受人爱戴的亲王。因而大革命也没有清算他。国王在 1793 年 1 月 21 日被送上断头台，他的“表亲”庞蒂耶夫尔侯爵在六周以后的 3 月 4 日死在床上——据他身边的人说，是极端难过而死的。

受他保护的弗洛里安却没有得到赦免。根据一条贵族不得住在首都的法令，弗洛里安被逐出巴黎，到索城定居，住进侯爵多年前为了让他安心工作给他使用的一幢平房里。他避难时给一位朋友写信说：“我在火炉旁悠悠度过我的岁月，阅读伏尔泰，躲避外界社会。这个世道已变成恐怖的角斗场，人人憎恨理性，美德再也不受赞扬。人道是第一美德，节制是第一品质，现今都被所有派别抛弃。我在隐逸中过得很好……”

但是他在隐逸中没有享受多久。有人来到他的平房中逮他，重兵把他押走，投入牢狱；要不是有几位高官朋友的疏通，他难逃断头台。

当罗伯斯庇尔在1794年7月27日倒台，恐怖时期结束，他才被放了出来。他重新回到平房中住下，好像要把他的不幸遭遇写进一部小说或一篇长诗；但是不久前遭受的苦难，给他的精神与肉体带来严重创伤；他还可能得了肺痨；出狱后才几星期，即逝世于9月13日，埋葬在索城的墓地里，上面竖立一块普通的纪念碑，墓志铭也毫不张扬：文人弗洛里安之墓。

* * * * *

这第八位座上客，也像他多年前的先驱基诺，经常受人批评，写的都是些无足轻重的作品。他死后数十年，《古今传记大全》写到有关于他的条目，颇为尖刻："弗洛里安天资平凡，作为作家，笔下庸庸碌碌，难成大器。既然他从未爬得很高，因而也没有跌得很重；他从来不敢标新立异，因而也没有犯重大错误。他的作品读来很轻松，读后也会忘得很快，既不需要也不用担心要重新阅读。"写《爱的愉悦》的诗人天性温和，生在这个暴力时代更显得不可原谅。"街头是血肉横飞的悲剧，舞台上是牧童少女的调情。"夏多布里昂后来写这句话，想到的就是这些年代，可能也想到弗洛里安本人。有时人们还会说：他的羊圈里就是缺了一头狼。

基诺被人说过分软绵绵，后来来了一位迟来的捍卫者伏尔泰；而弗洛里安的捍卫者则是埃米尔·左拉。"我思想深处有五六首牧歌，始终不变，达夫尼和克洛埃、保尔和维吉妮、埃斯特拉和内莫兰，这两颗年轻的心，被爱情唤醒，走上草地小径，陶醉在阳光中。我的上帝，有谁知道我写的两颗心在百岁之际将会怎么样呢？可能比弗洛里安可爱的绵羊还要多皱纹。大家惋惜他的羊圈内缺了一头狼。可叹的是，在我的羊圈里挤满了狼，怎么就没有人说我应该至少放一只绵羊进去呢？所以，不应该嘲笑先辈，他们的可笑之处只是太软弱、太温顺，把人生看成睡梦中那么美，充满阳光，永远怀着好心，快快乐乐。”

这份帮助温和的弗洛里安打官司的诉状也是有故事的，也成了他生命中意料不到的一段附言。

他在1788年写了一篇田园小说，篇名《埃斯特拉》，开头第一句便是令人心颤的呼唤：“我向你致敬，美丽的奥西塔尼亚，凡是去过的人会永久爱上这块土地……这块富饶的土地，人杰地灵，物产丰富，我向你致敬！”这篇小说不长，叙述埃斯特拉和内莫兰的爱情，用的是散文体，中间穿插可以吟唱的诗歌。当然是用法语写的，但是在第三章一首诗的后面这样说：

啊，在你们的村子里，
若有一个多情俊俏的牧羊人，
一看便惹人喜爱，
久处更恋恋不舍，
这是我的朋友，请还给我，
我有他的爱情，他有我的誓言。

弗洛里安出人意外地把这几句诗译成普罗旺斯方言。他解释说："让埃斯特拉用牧羊女的语言来唱一首是很有道理的。"下面是这个地区原样保留下来的这首曲子：

Aï ! s'avé din vostre villagé
Un jounin'é téndre pastourel! ...

事情看起来好像无关紧要，其实不然。在那个时代，还没有用地区方言来印刷书籍……这是因为"方言"还不够资格获得这份荣幸。

弗洛里安把童年时代的语言提升，后来还是得到了效果。这些事又一次是随着伏尔泰而开始的。老人生前受人崇拜，最后在巴黎居住时名声达到顶峰，死后影响继续扩大，法国各地不断地举行纪念活动。尤其在巴黎地区的夏特内－马拉勃里小镇，伏尔泰自称出生在那里。大多数消息来源都认为他是在首都诞生的；但是他本人则另有说法，他的朋友孔多塞说到他的生平时，也说这是他自己的说法。

鉴于这是历史学家的争论，大人物最热心的崇拜者往往喜欢提出不同于官方的见解。有两位作家就是这样——保尔·阿雷纳和瓦莱里·韦尼耶他们在1878年要以自己的方式纪念这位古人逝世一百周年。前者是这样说的："我们动身前往夏特内，这是伏尔泰的出生地。我们去那里纪念这位著名的哲学家，同时又有心到周围去散步。我们到达索城，看到背对教堂是那块大家熟悉的墓碑，上面刻着'文人弗洛里安之墓'。回到夏特内，心里不由得涌起一股怜悯之情，当晚，当我们的朋友举杯向伏尔泰致敬时，我们偷了教父的两盏威尼斯灯笼，放到教子的墓前。后来，我们知道弗洛里安是南方人，我们要给他单独纪念一下。这就是我们在索城庆祝和此后每年庆祝圣埃斯特拉节的道理。”

这两位去“朝圣”的朋友，自身就是南方诗人、主张复兴奥克语的拥护者，未来的诺贝尔文学奖获得者弗雷德里克·米斯特拉尔则是这个运动的旗手。但是他们还没有读到《埃斯特拉》中那几句奥克语诗，好像只是对被遗忘诗人的“怜悯之情”，才促使他们纪念他，随后又发现了他的作品。这点是肯定的，就是叔祖的百年纪念，也“沾亲带故地”开始推动对他“侄孙”的定期纪念，使他成为菲列布里什运动的守护神，这场文学运动专注于复兴奥克语及其文学与文化。

此后，每年在索城都组织纪念弗洛里安的庆祝活动，发起人中当然有声名显赫的米斯特拉尔，还有埃内斯特·勒南、阿纳托尔·法朗士、埃米尔·左拉，也是在那个场面上，左拉发表了他那篇和和气气保卫没有狼的羊圈演说。

1884年庆祝会上，举行了一次象征性仪式，米斯特拉尔用普罗旺斯语庄严宣布：“四百年前，老普罗旺斯的三级会议向法兰西宣称，普罗旺斯地区，带着它的蓝色海洋、阿尔卑斯山和平原，衷心高兴跟你法兰西联合，不是作为扈从投靠主人，而是作为一个主人走向另一个主人；这就是说我们保留原有的特权、原有的风俗、原有的语言。”

当《米赫尔》的作者弗雷德里克·米斯特拉尔朗读他的宣言

书时，他的妻子庄严地把一顶王冠戴在弗洛里安的半身像上，后者肯定从来没有料到过会有这样的荣耀。

再回头来说法兰西学院，伏尔泰的“侄孙”差点成了第二十九把椅子的最后一位座上客，因为他死后再也没有人当选。其中自有原因。十三个月以前，1793年8月，这个由黎塞留创立的机构，被国民公会一纸法令予以“取缔”，它在卢浮宫里的办公室也被洗劫一空。

法兰西学院院士死亡的也没有增补，有的死于自然原因，有的死在断头台上，更有的死在监狱里，如孔多塞，他宁可在执行死刑前一天自杀身亡。其实他是使革命得以实现的启蒙时期的头面人物之一。但是革命已经失去控制，成了屠宰场，总是叫嚣着要多杀头，要多流血。法兰西学院显然是个旧制度留下的机构，事实上它早已成为启蒙运动哲学家的一座堡垒，然而这点还不足以让它躲过动乱。

在这个不同寻常的时机却发生了一件大好事，甚至可以说是似有天助：弗洛里安最后还是有了一位继承者，这人很了解他，对他尊敬有加，有一种兄弟般的情谊，甚至临终时要求把自己埋葬在索城陵园他的坟墓旁边。他仿佛担心这道传承的锁链会断裂，这反而让人更加努力要把它保存下去。

# 第九任

喜剧作家让-弗朗索瓦·卡依亚瓦

（Jean-François Cailhava，1731—1813）：

对莫里哀顶礼膜拜的不朽者

让－弗朗索瓦·卡依亚瓦的反对者总是爱说，莫里哀对着他磨牙。“磨牙”这是从字面上理解，因为1792年7月6日，当时还处于大革命时期，这把椅子的第九位座上客参加了莫里哀这位大人物的遗体挖掘，突生奇想在遗体上拔下一颗牙齿，然后把它镶在他的戒指上，让它永远留在身边——或者像有的人说的——“对着他磨牙”。

他这个做法，大家很难不认为是过激甚至亵渎行为；不管怎样，趣味非常恶劣。但是在当事者心里，却是对他始终崇拜的天才的一番敬意。

十三年以前，卡依亚瓦在阿姆斯特丹匿名发表一篇文章，题目为《莫里哀死后入选法兰西学院之日发表的演说》，开头是这样的：

“先生们，

“这竟然会是真的，在我死后一百零五年，你们愿意在你们中间给我留出一个位子。我决不会埋怨在我生前阻挡我进入这座学院的野蛮偏见，也不会哀叹在我死亡与重生之间度过的这个世纪，反而觉得我的荣耀变得更为纯洁。至少再也不会有人把我的入选说成是用阴谋诡计得来的。我不曾对哪个权贵保护人溜须拍马……”

《演说》的某些篇章据猜想是在1778年伏尔泰谢世后不久写成的；据卡依亚瓦的说法，《恨世者》作者莫里哀原本死后入选要坐的是伏尔泰的那把椅子。这不是理所当然的“传承关系”。因为这位大戏剧家的“不当选”在那时以及以后永远是学院的心头之痛，而莫里哀与伏尔泰之间的这种精神血缘则不是很有说服力，这可以用下面的事实来说明。反而是这篇伪演说文的作者觉得自己与这两位伟人有一种强烈的情愫。

说到莫里哀，卡依亚瓦很早便把他当作楷模，自己也试图在舞台上成名。他写了好多部剧本，也演出了其中几部，首先在他的故乡图卢兹，然后在巴黎法兰西喜剧院，但是没有一部传至后世，不论是《自私自利》，还是《受骗的监护人》《中断的婚姻》《自负的青年》《阿勒坎·穆罕默德》或《会飞的马车》。他也同样撰写了几部关于戏剧的作品，主要在1771年，四卷本《论喜剧艺术》，封面上有长长的副标题：《喜剧各部分以及它的各种体裁的细节推理；后附一篇论模仿，有模仿莫里哀作品和模仿现代人作品与莫里哀原作的比较。完全基于世界各国最佳喜剧作家的例子编纂而成，最后探讨喜剧没落的原因和复兴的方法》。三十年后，又有《莫里哀研究或对这位作家的生平、习俗、作品以及他的作品演出的观察》。此外，他企图“重写”他最初一部对莫里哀作品的仿作

《爱的痛苦》，一般认为那是不能搬上舞台的；他把剧情简化，还是保留原有的五幕，然而即便在我们今天，经常演出的仅是两幕而已。

我们看到，莫里哀在卡依亚瓦一生中占据了重要的位置，这就解释了他为何要以莫里哀的名义宣读一篇“入选演说”；新政府决定关闭巴黎圣约瑟夫公墓，要给莫里哀移灵时，他擅自从他的尸体上取下一块“圣骨”。1673 年 2 月那个寒夜，让－巴蒂斯特·波克兰（艺名莫里哀）被草草埋葬在那里。路易十四亲自干预，在巴黎大主教面前疏通，才绕过不许给演艺人竖立墓碑的禁令，给他举行了一场简单的宗教仪式。大革命时期，他的遗骸被挖出，放在两只松木棺材里，弃置了七年，然后又放进一口石椁，在一家博物馆展出。只是到了 1817 年，他死后一百四十四年，尸体挖掘后二十五年，莫里哀才有权利得到一场庄重的弥撒，遗骸终于尊严地入葬拉雪兹神父公墓。

牙齿的插曲显然是一则逸闻，就像伪作的“入选演说”，但是可以看出这位崇拜者做梦也在想做他偶像的得意门生；在他的同时代人中间，至少有一个人认为情况确是这样。他就是作家米歇尔·德·屈比埃，有一天他对着莫里哀的幽灵朗诵：

> 卡依亚瓦，你最忠诚的学生，
> 他窥探你的艺术的所有奥秘，
> 这是上帝特地派遣来为你做注释的人。

但是写这几句诗的人在这方面没有多大威望，除了是他所追捧之人的一位知友，也是出名的夸夸其谈、吹牛拍马的一类人。令“注释者”在九泉之下感到些许安慰的是他的《论喜剧艺术》在1970年得到再版，这是初版后两百年来第一次印刷，还是由一家颇有名望的日内瓦出版社推出的。在学术研究里他也经常被提及。我们不妨理性地考虑一下，要是说屈比埃捧之上天的评论不必严肃对待，要是说卡依亚瓦的喜剧作品很少有机会被人想起，他对戏剧尤其对莫里哀作品所作的研究，那是不应该被贬低的。

至于对伏尔泰，他的热情就不可以相比了。卡依亚瓦并不刻意模仿他，也没有任何作品写到他；但是他认识他本人，当时的情景也是难以忘怀的。

1778年4月7日，费尔内长者最后一次逗留巴黎时，庄严地加入了共济会。委员会内负责和有资格向他宣布共济会箴言的成员中，就有让－弗朗索瓦·卡依亚瓦“兄弟”，他是九姐妹支部的创建成员之一。

弗洛里安第二年也随着加入该会——跟他“沾亲带故的叔祖”所受的接待不可同日而语；但是两人与学院第二十九把椅子的命运，则是一个富有象征意义甚至可以说天赐的巧合，因为接下来可以在最热烈的气氛中实现“见证的传代”，尽管那时看起来似乎是受到了无法挽回的牵连。

这两位共济会“兄弟”，他俩的人生道路奇奇怪怪地交织在一起，可是在革命动乱年代却采取了极不一样的态度。弗洛里安到索城寻求避难，在他的平房内写作，误认为历史会把他遗忘在那里；卡依亚瓦没那么天真，也没那么多思，尝试全身心投入到时代洪流中。他加入了雅各宾派的一个俱乐部，那是这个时代最具战斗力的俱乐部之一；1791 年，他入伍参加国民自卫队，那时他已六十开外。巴黎市市长让－西尔万·巴伊，法国历史上第一位有此头衔的人，著名的天文学家，法兰西学院院士，也是“九姐妹”支部成员；他寻找一位志愿者押送从诺曼底运来的面粉，没有人主动报名，因为在这个大闹饥荒与人人自危的时代，这项任务太危险了，卡依亚瓦自告奋勇接受这项任务，也差点遭到私刑处死。在 1793 年，他被任命为三个南方省的“观察委员”，在那里又遇上极大的凶险。地方当局把他逮捕，关了好几个星期，后在内务部长的强烈干预之下才获得释放。

大家看到，卡依亚瓦公民不惜冒生命危险，也要在正在上演的那出大戏里扮演一个角色。这实在是个小角色，正是这样才显出他渴望为国家效犬马之劳。他若有更宏大的雄心，不是表现在政治舞台上。他的梦想如那些年代写的作品所反映的那样，是做个革命法国的“戏剧工作者”那样的人；他时时在思考，还经常动笔探讨“戏剧衰落的原因”——这确是他最后出版的那部著作的书名——他希望这个新时代让他有机会找到药方，特别是保护剧作家的著作权。他认为他们的著作权都被演出承包商和剧团班主侵吞了。为了暴露“此种衰落”，他时时不忘提醒他的同时代人，对戏剧来说黄金时代是在 17 世纪，他也以自己的方式对莫里哀顶礼膜拜。

卡依亚瓦跟大人物来往密切，显然还不够让自己当上大人物。相反由于对比效应，使他显得更加渺小了。要是那个时代最无情的杂文作家没有想到把他拉出来当作平庸文学的典范，这事也就无声无息过去了。《大人物的小年鉴》是一部精辟而刻薄的书，安东尼·德·里瓦罗尔撰文，毫不留情痛斥他的一部分同时代人，他不是直接批评，而是大肆赞扬说反话。卡依亚瓦不久前当选“巴黎博物馆”馆长。巴黎博物馆是由学者、艺术家、文学家组成的机构，几年前在本杰明·富兰克林创议下成立；其宗旨是推动教育质量，事实上也是九姐妹支部的一个分支机构。

对里瓦罗尔来说，给卡依亚瓦加个“馆长”头衔，像斗牛前亮出一块红布，起了刺激作用。这个可怜的人在他面前突然成为自负、无足轻重的作家的象征。他不是像对待其他数百位文人那样，送他上十字架，而是让他与众不同，作为全部作品的献辞接受者。

“致巴黎大博物馆馆长卡依亚瓦·德·莱斯唐杜先生，

“主席先生，这部小年鉴汇集了自博物馆建立直到 1788 年以前作出贡献的大人物，我们能把它奉献给您，心情万分激动。不论是诗体的或是散文体的祝词，在您还有什么没有接受过的呢！因为您不像世俗中的国王，他们要求臣民奉献的只是钱财；您的宝库里庋藏的只是无足轻重的短简、瞬息即逝的空文、即兴诗和香颂，您的帝国里最大的货币从来不超过卷首的献辞；但是没有我们，这些说明他们热爱博物馆、品尝文艺的纪念物，都将消失而永无痕迹；你们的祭台上将会看到凋谢了多少花朵！

“如果说皇家年鉴是唯一存在真理的书籍，它对于承担那么多义务的国家资源予以最大程度的关注，那么我们的年鉴怎么会对您与国家的荣誉无关痛痒呢，既然在这其中证实有一位博物馆馆长可以每年在法国青年中间遴选出十万句诗，率领五六百诗人浩浩荡荡进入首都？”

凡是读过里瓦罗尔这篇文章的人，都觉得它写得风趣、巧妙和尖锐，当然除了那些出现在文章中的可怜虫。今日还是如此，他的讽刺笔法，三言两语说得人哑口无语的艺术，令人钦佩。

卡依亚瓦对这种恶毒攻击有没有反应呢？显然没有。在他的刽子手与他的论战文章中没有找到一点痕迹。不过，这也没有多大意义了。在巴黎的这些争吵不久之后显得不值一提。因为《大人物的小年鉴》第一期出版于1788年，最后一期出于1790年。这期间，法国进入了历史上的另一阶段。在这一阶段，纯然的文学死刑已再也引不起眼泪、笑声和悔恨。

* * * * *

卡依亚瓦不管怎样还是闯过了这些动乱年代。他若没有留下他的痕迹，至少保全了他的性命，不像那么多的同时代人、那么多的支部同仁——如丹东、德穆兰或天文学家市长巴伊。我们翻阅“九姐妹”的档案时，偶尔有这样的印象，似乎整个法国都卷了进去。或许应该从历史角度来看事情。伏尔泰庄重地加入后的这几年，是“他的”支部的一个黄金时代。学者、艺术家、作家、政客也纷至沓来，有的为他们的理想献身，有的为他们的事业服务；于是这些人看起来到处都是——在立法机构，在革命俱乐部，在政府部门，在法兰西学院——有时还在断头台上。这种情况持续了十五年，后来支部分崩离析，消失不见，会史上留下的只是一连串显赫的人名和若干光荣的回忆。

至于卡依亚瓦，他属于九姐妹组织显然不是出于赶这股热潮，既然十位创建成员中有他。作为创建人也没有能够让他在革命时期获取高位。但是非常可能的是他与共济会成员的情谊派上了用场，当恐怖时期与打砸抢狂热年代行将结束时，执政当局认为采取某种形式恢复各个学院还是可取的。

从 1795 年起，国民公会创立了一个“科学与艺术学院”，它跟着时代与制度的变换，有过不同的名称：如“国家研究院”“皇家研究院”“王朝研究院”或简单地称为“法兰西研究院”；卡依亚瓦在 1798 年入选。1803 年，研究院又以类别划分，第二类研究语言与文学，不久又恢复法兰西学院的旧称。卡依亚瓦被指定替补弗洛里安的位子。奇怪的是师兄继承了师弟：这位新院士生于 1731 年，那时已达七十二岁高龄，而他的前任则生于 1755 年。

让 - 弗朗索瓦 · 卡依亚瓦在第二十九把椅子上坐了十年。据档案记载，他还是个出勤率很高的院士。

起初，还是像旧制度时期那样，在卢浮宫召开会议。但是在 1805 年，拿破仑皇帝决定把研究院设在孔蒂河滨道上的旧四国学院。这座建筑物是用马萨林红衣主教的赠款建造的，在大革命动乱年代草草改建成了监狱。在它古老的祈祷室上盖了一座沉重的圆顶，后来成了新法兰西学院的庄严会议室和象征之地。

从这件事看来，可以确实地说，卡依亚瓦是第二十九把椅子在“圆顶下”的第一位座上客。

他 1813 年 6 月 27 日遽然逝世于索城，和弗洛里安一样。他到索城的朋友家做客，突发急病。他自感最后时刻已至，要求把他埋葬在前任那座朴素的纪念碑附近。

他们死后为邻，直至后来另一位——没有他做伴——迁葬在费利布陵园。

# 第十任

## 历史学家约瑟夫·米肖（Joseph Michaud，1767—1839）：两次被判死刑的不朽者

约瑟夫·米肖是这把椅子第三位与最后一位活着度过大革命的座上客，其人的履历也最荒诞不经。

他1767年生于萨瓦，童年时随着父母离开家乡，在布尔让布雷斯的老耶稣会中学念书；后来在里昂一家书店当过一阵子职员，同时开始写第一批文学作品；然后二十三岁时到巴黎，给两家亲近路易十六朝廷的报刊撰稿。他心向保王党，实际说来不是旧制度的信徒。他崇拜哲学家，热爱自由，敌视一切形式的压迫，后来在不同的政府时期东躲西逃，当过放逐犯，最后才功成名遂。

在巴士底狱被攻陷后的灰暗年代，他抱着革命理想，写成一首诗纪念让－雅克·卢梭，甚至在1794年出版的一部作品中这样写：

> 啊！倘若国王与暴政
> 让我共和派的额头戴上耻辱的桎梏，
> 坟墓将还我权利与自由，
> 我的最后归宿也会永垂不朽！

他后来宣称，他对君主制度猛烈抨击，只是为了逃避迫害、不致被逼得流亡的一种花招，他内心深处的信念没有改变。可以肯定的是，他改弦易辙不论是真是假，都只是暂时的。在 1795 年 10 月 5 日的流血事件中，他为保王党声辩，还差点丢了性命。

这段历史插曲，是以共和历命名的，称为“葡月 13 日叛乱事件”，在大革命历史上是一个转折点。在罗伯斯庇尔倒台和恐怖时期结束之后，君主制度拥护者认为国家已经遭受太多的磨难，拨乱反正的时刻已经到来，他们向层出不穷的示威者发出号召，希望逼迫国民公会通过宪法的途径恢复王权。但是国民公会拒绝响应，自以为得到军队的支持，下令向群众开枪。根据当时人的统计，约有三百人死亡，大多数在圣洛克教堂附近。暴动确实被镇压下去了，共和国也得到了拯救，但是它从此对军人唯唯诺诺，尤其是其中一名青年军官颐指气使，在那天扮演的角色起了决定性作用，获得了“葡月将军”的称号，这就是拿破仑 · 波拿巴。

米肖在他的《每日》报中号召起义，不得不仓促离开巴黎，在夏尔特尔附近的朋友家避难，但是很快被安全部队发现藏身之处，他被夹在两名骑警之间，步行押回首都。等待审判期间，他被关在不久前改造成监狱的老四国学院。事情对他说来很不妙。共和派当局十分害怕保王派闹事，执意要毫不容情，目的是为了威慑保王派不要试图再动用武力。

每天犯人在重兵押送下从禁闭的地方到杜伊勒里宫，那里是审判他的军事法庭所在地。在那里，法庭审问他的那些煽动性文章、他与流亡分子的联系、他在游行示威中的作用。米肖害怕大难临头。他的亲信也着手让里昂地区一位有影响的议员出面干涉，但是议员回答说对此无能为力。

有一个人不甘心看到米肖被判死刑，这人叫尼古拉·吉盖。两人从前都在布尔让布雷斯求学，吉盖也到了巴黎，希冀在文学艺术界扬名。米肖被警察从夏尔特尔押回来的那天，他正好在香榭丽舍。罪犯经过这条马路时，吉盖把他认了出来，看到他受到这样的侮辱，大为生气。但是自己能够做什么呢？只能远远向他作个热情的表示，然后隔开一段距离跟着他，以便知道人家带他到哪儿。

第二天，第三天，吉盖都回到这里，在四国学院四周转悠，从而能够证实警察走哪条路线，把他的朋友押送到杜伊勒里宫审讯又带回到牢房。他每次远距离跟着他们，从不露面。这期间，他设法打听这个犯人将会遭遇什么样的命运。10 月 26 日早晨，流言传说庭审已经结束，米肖将在当天或第二天被处死刑。吉盖决定不顾一切代价要挺身而出。

那天，将近中午时刻，他算好在皇家桥的出口与护送队擦肩而过。他假装第一次看到久别重逢的朋友，问米肖在干什么，到哪里去，是否跟他共进午餐。

米肖立刻明白吉盖在谋划什么。他害怕引起同行者的猜疑，故意表示对邀请不感兴趣，要继续赶路。他说：“此刻我无法吃中饭，我到杜伊勒里宫有点小事要办。不是什么大事，就是回答几个问题，不会去很久，过会儿我来找你吧。”

但是吉盖坚持不肯。“你别想那么容易打发我走！杜伊勒里宫的事不急；那里的人肯定很多，不会一开始就轮到你的。先吃中饭吧！”他指指那几位警察。“这几位先生肯定也还没有吃中饭，不会拒绝一起来一块肉排和一杯葡萄酒吧！不是么，那边附近有一家餐厅！”

经过一阵推托，“这几位先生”也被引动了食欲。吉盖在他们看来是个可信任的人；他上了年纪，从前是舞蹈家、演员，仪表堂堂，善于应酬。囚犯、朋友、押送人员同桌坐了下来。点了葡萄酒和几道小食，随随便便聊了起来。做东的人把话题引向他出生的布雷斯地区，据他说那里是美食之乡，尤其是小母鸡味道鲜美无比。警察显然已经口水欲滴。“啊，各位先生，”他叫道，“看来你们都没有尝过我们家乡的小母鸡，我一定要你们相信在法国这八十三省其他地方的绝对不能比。堂倌，来个布雷斯母鸡！不要调包！我的朋友，绝对要布雷斯的，不是勒芒市的……嗨，米肖，你是内行，到厨房去看看，别让这些家伙坑我们！先生们，来，祝你们健康！”

正当大家举杯祝酒时，米肖站起身，不慌不忙，走下几级台阶前往厨房。几分钟后，警察开始感到不安。但是东道主叫他们安心，他的朋友肯定正在监督烤肉师傅。又过了几分钟。当“这些先生”觉得时间过去太久，最后走进厨房时，他们的囚犯早已不见人影。

米肖从一扇暗门溜了出去，已经无法捉拿。这对他是极大的幸运：第二天他必须在法庭里候审，法庭会把他判成死刑，因为他在文章内“鼓动造反与复辟王朝”。他将在沙滩广场——未来的市政府广场——被砍下头，但现在只是他的模拟像而已。

不顾死活的吉盖被扣留了下来，遭到严刑拷打，受威胁说他帮助潜逃之人的刑罚将会落到他的头上。但是他直到最后神色不变，每日抗辩说自己出于好心，是无辜的。他还是被关了一个月才释放。至于米肖，他在瑞士躲了一段时间；然后悄悄回到法国本土，偷偷住在亲族家里。这时又成立了一个新政府——督政府，它答应要疗治国家的创伤；逃犯不久获得减刑，后来又完全赦免。

他还在准备重过正常生活之际，巴黎又发生了新的政治动乱。当时领导国家的三位“督政”，突然放弃他们同意和解的诺言，策划了一场真正的“政变”，在历史上称为“果月政变”。他们觉得自己受到各方面极端分子的威胁，决定进行严厉惩罚；又不愿意实施大规模处决行动，这会让人想起遭受唾弃的恐怖时期，而是选择列出一份放逐犯的名单，奇怪的是不可妥协的共和派与不可救药的保王派并排在一起，约瑟夫·米肖也名列其中。

遭逮捕的人首先被关入铁笼子，运到罗什福尔港，然后押上小船底舱，发配到圭亚那；他们中有六十余位议员，还有记者、军人和教士等。到了当地，他们不再受禁闭；可是住在肮脏的地方，患上了疟疾、黄热病和其他各种热带病，痛苦不堪；据估计这群人中有一百八十七人受不住倒下了，那时被称为“干断头台”的牺牲者。

未来的院士只有重新漂泊才能逃过这样的命运。在这个时期，他写下了《放逐者的春天》这首长诗，几年以后让他在文坛获得一定的名声。但当时他还是避免抛头露面，在阿尔卑斯山边安省的小村里，度过他最清静的时光。

这些岩礁是暴风雨的夜店，
我徘徊在荒野的洞窟里寻找和平，
——我那祖国再也得不到的和平……

* * * * *

1799 年，波拿巴通过雾月十八日政变，攫取了权力，逃亡者感情五味杂陈。他看到流放他的领导人失势非常高兴，急急忙忙要结束漂泊的生活回首都。可是他没有忘记，高唱凯歌的也就是四年前下令对他的保王派同袍开枪的那个人。因这件事，他回来后不久写了一本小册子，书名叫《告别波拿巴》，他在书内肯定科西嘉军官曾经点燃了希望之火，但是他成功后大权独揽，辜负了人们的期望。书名上的“告别”不是针对波拿巴而言的，而是影射号召者——其中可能也包括部分波旁王朝复辟者。小册子获得巨大成功，重印好几次，私下传阅甚广。这事让作者又遭逮捕，被关进圣殿骑士团监狱。

这次重陷囹圄引起他的反省。他是否要继续没完没了地过这种激进分子的生活，总是身处险境，居无定所？波拿巴现今坐稳了位子，经过这么多年的动乱，知道怎样让国家休养生息；老百姓崇拜他，尤其他在国外战争中屡战屡胜：第一场胜仗是 1800 年 6 月在皮埃蒙德的马伦哥战役。跟他作对还会有什么用呢？岂不是堂吉诃德向风车叫阵？

米肖一直热爱历史。但是他自忖对同样的东西有不同的热爱方式：可以将自身投入到事件中去，试图扭转事件的进程，这是他直到目前在做的事，成功很少，烦恼很多；也可以从另一个角度去对待历史，从事研究，搜集资料，进行写作；总之一句话，做个历史学家。他立誓走这条道路过完有生之年。

他一出监狱，就全心全意这样做；一年后他出版了一部论印度的作品，从书名就可以看出他要与法国政治论战保持一段距离：《迈索尔帝国海达尔－阿里和蒂普苏丹时代兴衰史》。在扉页底下是出版人的地址：巴黎格勒内勒－圣奥诺雷路，吉盖图书出版公司。就这样，他的救命恩人变成了他的出版人……

两年后，即 1803 年，他出版了《放逐者的春天》，这部书一直沉睡在他的记事册里。这是他在漂泊时期写的，书名就显出是一部战斗作品；但是这篇长诗从其本质来说还是充满沉思与乡野景色。这回可以在第一页上读到这样的文字："巴黎小天使街，吉盖与米肖图书出版公司……"

这个新挂牌的出版公司不久将进行一项大型出版工程，那就是前面几次提到的辞书《古今传记大全》。这套丛书在巅峰时期共有八十四卷，许多版本在全欧洲获得巨大成功。在编委们所作的介绍中，这部雄心勃勃的著作被定义为："凡是曾以著作、行动、天才、品德或罪恶而引人注目的人，以姓氏字母排列，其传记都会在本书中予以呈现。”有许多作家都对此作出贡献，他们的文章大多资料翔实，阅读轻松愉快，欲了解法国直至 19 世纪上半叶的文化生活，这是一个不可替代的源泉。

这项百科全书式工程的真正组织者是路易 - 加布里埃尔 · 米肖，即约瑟夫的弟弟。他们的朋友吉盖在 1810 年离世，当时《古今传记大全》的最初几卷还在筹备之中；至于未来的院士，他不久对这份编辑工作失去兴趣，把时间和精力集中在另一个主题上，此后乐此不疲，并以此声名长存，那就是十字军东征。

他之所以有这份热情，是有天一位关系密切的女文人索菲 · 科坦交给他一部小说的手稿，要求他出版并写一篇序言。书名叫《玛蒂尔德》，叙述狮心王理查的妹妹与萨拉丁的弟弟之间的一段田园牧歌。一切都是虚构的，但是故事并不完全是空穴来风，因为英国国王确实曾向他的敌人提过两个家族和亲一事，严肃的纪年史家也证实了这点。这显然是一种常见的政治操作，毫无成功的可能性，但是可以引起遐想，从而形成文学作品。科坦夫人的故事文笔清丽，写得头头是道，看出她对历史的真实性也费了一定的工夫。但是她自己对于历史方面的知识感到不满意，希望米肖——他不久前出版了关于迈索尔的书——可以给不熟悉东方事物的读者提供钥匙，去了解那个时代与事件。

未来的院士在撰写序言之前，开始阅读手头所有关于十字军东征的书籍。这也打开了他的眼界。他知道得愈多，愈想深入研究那些人物、国家、动机、博弈、冲突和联盟。他一动笔就不可收，在这个主题上首先当然从践行他对科坦夫人许下的诺言开始。《玛蒂尔德》出版于1805年，内容介绍署名者是“J. 米肖，出版人”，一册全文二百四十四页，序言占了一百一十四页……

他那篇文章原本是放在朋友那部书前作为序言使用的，今日回头来看，反而像给自己那部篇幅浩瀚的大作《十字军东征史》揭开了序幕。最初几个部分后来发表于1808年，直至三十年后他临终前还在病床上修改其中某些章节。这是因为这位改行做历史学家的记者，每次发现还未见过的资料或者没有想到的解释，就想增补后重出新版。因此，后来有了许多版本，有几个版本厚达六百多页，包括见闻、地图、插画、“论证文件”，还有一份直到那时有关这个主题的详细清单。

还不止于此，有一天米肖看到从印刷车间送出的最大一版样书，感到内疚与羞愧：他写出了那些东西，却从来没有去过这些地区；虽则他身体孱弱，仍下决心要去走一趟。

1830年5月份的最后一周。日期也是凑巧，当他在土伦上船时，眺望着法国船队出神，它正升锚准备前往征服阿尔及利亚。他自己在“卢瓦雷”号双桅小战船上，正要驶往另一方向，朝东而不是朝南。他后来游历了希腊、安纳托利亚、圣地耶路撒冷、埃及，归来后，带回了七卷书信，名叫《东方通讯》，作为对《十字军东征史》的现代情况补充资料。

他对这项事业既牵挂心头，又认真详细，引来他这个时代最挑剔的文艺评论家夏尔－奥古斯丁·圣伯夫对他的好评。圣伯夫在他那部著名的《月曜日丛谈》中，认为“在我们中间米肖是第一人，把历史原件的阅读感觉恢复到尊荣的地位”。是的，这位文学评论家觉得他写得“优美，但不过甚其辞……他从来不使用令人热血沸腾、豁然开朗的字眼”；但是感谢他有一种真正提供客观性的欲望，因为“虽然言词之间偏向于十字军，以及推动他们出征的神灵感应，同时也毫不掩饰所造成的混乱与烧杀抢掠”。由于我本人也曾对十字军历史有过研究，看事物的角度与他不尽相同，但对于他最后的评语是完全赞同的。

* * * * *

1813 年 8 月 5 日，约瑟夫 · 米肖入选法兰西学院，坐上第二十九把椅子，替补在四十天前过世的让 - 弗朗索瓦 · 卡依亚瓦。

他在学院大厅里受到接待，相对于其他院士来说，他更多了一层感触，因为这座精致的房舍，从前是四国学院，在十八年以前曾经做过他的牢房。

除此以外，他抵达圆顶大厅时周围大环境也不同寻常。巴黎那时如同法国其他地方，都处于悲惨阴暗的时刻。对俄战争不久前以溃败告终，国家元气大伤，意志消沉，等待更坏的命运降临。帝国制度依然维持，但是人人知道它来日无多。米肖的入选本身不正是时代的信号么？这位政权的老对手，晚年出于投机或灰心丧气，隐约投向了王室；一旦皇帝失势后，则进行猛烈攻击，出版了《十五星期的历史：波拿巴的最后统治》，这部小册子当作历史书籍上市，写得不大光彩；他在书内说到“十五星期”，而不说“百日”——这词那时已经被收入词汇中，在拿破仑神话中张扬使用……

在这样的丧葬氛围中，在一个还没有恢复日常运转和名称的学院里，也就没有任何庆贺活动、入选感谢辞以及对前任的褒扬。卡依亚瓦与米肖彼此还是有点认识的。很难说相互有什么尊重与友谊，但是几乎可以肯定的是他们曾经有过交集，因为他们人生中的某一段时期，参加过共同的对外活动。

他们可能相遇的第一个地方是巴黎的一家文学沙龙，它有过辉煌的时期，那就是法妮·德·博阿尔内沙龙。这位富有的文艺夫人跟约瑟芬皇后是姻亲，终其一生是卡依亚瓦的保护人，也是他的第一位读者。当初也是她推荐米肖来巴黎的。据米肖弟弟编纂的《古今传记大全》，关于他的条目写道，那时这个青年在里昂一家书店里工作。“当法妮·德·博阿尔内伯爵夫人 1790 年经过该城时，他还在那里……当一位富有、有才华、名门望族的女士——喜欢做文化的保护人和提携天才青年——出现在面前，是不是会激发里昂人的诗情灵感，这个问题不言自明了。米肖是第一批人中把诗歌献给贵夫人的，也幸运地看到它们被接受了。他有把握在她的保护下获得一个投合自己志趣的职位，于是跟随她到了首都……”

她住在图尔农路，在客厅款待的是名人显贵；大家知道托马斯·杰斐逊代表年轻的美利坚共和国出使法国时，曾经去过一次，但是他并不赞赏那里的氛围，也就不再光临。

至于说到卡依亚瓦和米肖，完全有理由假定他们相遇过好几次，就像在另一个场合他们也很有可能遇到。1791 年 7 月 14 日，攻陷巴士底狱后的第二个纪念日，九姐妹全国委员会（支部的公众组织）组织过一次活动，纪念本杰明 · 富兰克林逝世一周年。纪念会的高潮是为这位伟大的贤者书写并朗诵的一首长诗。

他是人类的恩人，保护大地
不受暴君的凌辱与雷击；
我们都为伟人的去世而落泪；
对着他神圣的陵墓祈求命运；
以他的品德，以他的遗骸
发誓爱人类，为国效力……

这篇赞辞的作者不是别人，就是约瑟夫 · 米肖！

由于富兰克林是一流大人物，在法国和在美国同样名噪一时，伏尔泰加入共济会那天他陪同在侧，本人还带领支部成员走在前面，大家可以想象知名的“兄弟”应该都会参加——其中必然有卡依亚瓦，可能也有弗洛里安。这样，在局势如此混乱的革命时期，先后坐上第二十九把椅子的三个人，居然会在同一天相聚在一起？要是这个假设、这个问号是成立的，难道不应该感到高兴么？

说到这首诗是米肖写的，并不必然意味着他加入了共济会。九姐妹全国委员会跟支部本身并不一样，它对有共同理想的人都是开放的，并不一定要他们加入。在“兄弟”名单上没有他的名字，这使人想到他跟共济会成员密切过往的时期很短，就像他在生命的同一时期，即介于二十四岁与二十七岁之间，对“国王和暴政”也写过炽烈如火的诗句。

* * * * *

当然，当拿破仑下台，“国王们”通过路易十八又登上御座之际，十字军东征史学家的心情则是完全不同的。他是第一批附和的人，当局甚至为了酬谢他的忠心，选他当复辟时期第一届议会议员——据说就是国王本人也给这个议会起名为“无双议会”，因为它比国王本人还保王。这位法兰西学院院士在议会中代表安省，他曾经在这个省度过部分童年和漂泊的时光。

他得到当选资格还引来了一件怪事。负责登记的官员要他出示法国国籍证明。原则上这是一个简单的手续，除非米肖——好像——从来不曾有过法国国籍。然而，《古今传记大全》介绍他的时候确是这样说的，那个条目即使不是路易－加布里埃尔写的，至少也是他暗示的。

圣伯夫肯定这两兄弟在晚年时相互憎恨：这说明弟弟并不愿意给哥哥隐瞒这个令人尴尬的意外事，然而这也不能说是他凭空捏造的。

米肖一家年纪最小的几个兄弟都是法国籍，他们出生在安省里士满城堡里；但是约瑟夫 1767 年出生在萨伏依的阿尔本附近，那是属于撒丁王国的领土，在同一时期王国还包括尼斯和科西嘉。

院士果真是来自撒丁的侨民，就像他的父亲一样。父亲上的是都灵军事学校，计划加入属于身兼皮埃蒙特亲王与萨伏依公爵的撒丁国王查理·伊曼纽尔三世的军队。这时发生了一场重大的意外事故，逼迫他逃离祖国，去法国避难。

最令人不解的是约瑟夫·米肖从来不曾申请过法国国籍。这是疏忽、不在乎，还是害怕暴露他不具有法国国籍？或是因为这位永远的漂泊者希望一旦革命的法国或帝制的法国不欢迎他时，可以前往另一个国家？最后这个解释是他的弟弟不怀好意提出来的。弟弟甚至还暗示是自己把证件“借给了”哥哥，以便他登记候选人资格，“略施小计”让他能够当上议员。

他的议员生涯没有持续多久。“无双议会”几个月后便解散了；还是国王本人看出，这一小撮极端保王党成事不足，败事有余。至于米肖，他显然适合国民议会工作。他当然用心地写发言稿和立法建议书；但是每逢他上台宣读，都是一场灾难。这人虚弱，身材高大但是弓背，声音低沉，呼吸短促，说话勉强能听见，无从显出他文笔的效果。有时甚至是他好心的同僚从他手里夺过稿子，代他念完。

这段插曲过后，他并不懊恼回头去研究他钟情的十字军东征史，依然孜孜不倦搜集新资料，不断地写作与发表。熟人提到他晚年幸福勤奋，有可爱的妻子与崇拜他的青年学生做伴，他们协助他工作，陪同他旅行。

他虽不具备演说家的修养，但擅长闲谈；在沙龙，在编辑会议，就像在法兰西学院里，大家期待他的妙语、不耐烦时的轻咳声，尤其是青年时代的回忆。他爱说自己曾经十一次被关进大牢，两次被判处死刑；如果有谁要听，他会不厌其烦地叙述朋友吉盖如何让他从警察身边溜走的难忘之事。

1839 年 9 月 30 日，约瑟夫 · 米肖在奥特伊尔的家中平静死去。最后几个星期他缠绵病榻，依然不停地修改手稿，还奢望能够药到病除。他给一位朋友写信说："医生说我可以闯过这一关。医学好比政治，都爱说好听话。"

他不能知道的是，在他身后的第二十九把椅子的历史，开启了一个光辉时代，这恰恰是得益于医学。

# 第十一任

## 生理学家皮埃尔·弗卢朗
## （Pierre Flourens，1794—1867）：
## 把维克多·雨果踢出局的不朽者

1840年2月，维克多·雨果已经大名鼎鼎，在第三次参选，即选举第二十九把椅子主人米肖的继任者时，还是输给了皮埃尔·弗卢朗。这怎么叫人不遗憾呢？事到如今，那位大人物的敌手早已无人知晓；但是因此得出结论说那个时候的院士选择了弗卢朗有损形象，这话也欠公允。

作家的失败可以用以下事实来解释，他的对手很聪明，不在文学价值上与他较量，而是推出一位学者、一位杰出的生理学教授与他对垒。教授的讲座吸引广大听众，此外还是法兰西科学院的终身秘书。两人得票数非常接近。那天有三十一名投票人，胜选票数是十六票。第一轮雨果得十四票，第二轮得十五票，第三轮得十四票。弗卢朗依次得了十四票、十四票、十五票。只是到了第四轮，科学家才以十七票对十二票赢得了竞选。

对诗人来说，入选只是暂时搁置而已，十个月后他在其他席次的选举中胜出。但是当时，他的崇拜者大为恼火。那时一张报纸愤愤不平说："在法兰西学院不是来求立方根的，黎塞留创建学院时，绝不会想到要用上那些曲颈瓶和实验工具！"

其他文章写得更俏皮，也同样犀利，哀叹一位卓越的生理学家"心甘情愿卷入一桩阴谋，给一群对科学一知半解的文人、一些写喜歌剧的打油诗人和生闷气的保王党组成的联盟利用，出面选举”。

当然，弗卢朗教授当选依靠的是策略。但是法兰西学院里出现一位科学家，那也不是什么出格、反常或者引人非议的事；这也是新院士在入选演说一开头便热情洋溢所表达的。

“先生们，

“在我们的国家，文学与科学随着语言开始结成联盟了。

“笛卡尔在 17 世纪一下子创造了一种新的几何学、新的哲学和新的语言；在 18 世纪，哲学家丰特奈尔叫人以通俗语言来谈科学；博物学家布封谈到科学非常雄辩；伏尔泰的语言更是给牛顿的名声插上了翅膀……

“从科学中产生了一种新的哲学精神。这种精神，超越科学本身，先生们，这岂不是我们这个时代最突出的特征之一吗？岂不是对一切都产生了影响吗？

“对哲学来说呢？大家已经看到是一位几何学家奠定了新哲学。

“对语言来说呢？也是这位几何学家，写出了《方法论》，这就是我们的语言采取了新形式的第一部著作。给予这个新形式以令人惊讶的高度与完美的，也是一位几何学家，他就是《致外省人信札》的作者帕斯卡！

“最后对历史又怎么样了呢？上一世纪的一位哲学作家大

卫·休谟主张历史要服从于科学的方法；由于历史服从并以事实为依据，在我们今天取得了新的起飞；无疑，这样的事实是不需要证据的，但是在我今天要谈到的著名院士的最重要作品中却找到了最充分的证据。”

这位演说者最后话头一转，显然是巧妙地谈到所有入选演说中的“实质性内容”，即对前任的赞扬。这是十分得体的，因为他说到一部丰富详尽的资料——米肖的《十字军东征史》得到这方面的公认，事实上也提供了一个把科学方法引入历史研究的良好范例。

这就是1840年12月3日那天，聚集在法兰西学院圆顶下的听众记忆中关于这次演说的开头几段话。他当选而维克多·雨果出局，引起一片嘘声，大家期待这位新院士总会以某种方式对此作出回应；但是弗卢朗不满足于只为自己的入选辩护，他还用寥寥几段话提出一个真正的文明现象。他超越“古典派”与“浪漫派”的争论，以及共和派、波拿巴分子、奥尔良派或正统派之间的争论，超越不可避免的人身攻击，要他的同仁们知道一个新世界正在兴起；在这个世界中，科学——包括它的精神、方法、应用——正在起一种决定性作用。不仅仅是在知识或教育的领域，在法国，如同在英国，也像在其他国家，机器的普遍使用将要在人与人之间产生新的关系，产生新的政治与哲学学说，同时改变整个人类的物质与精神生活。

* * * * *

法兰西学院这些带偶然性的选举，后来使第二十九把椅子在19世纪以至于20世纪，由于有一连串在自然科学界和人文科学界备受推崇的人物加入，成为这个变化的幸运见证人。

在我们的眼里，皮埃尔·弗卢朗的星光自然与后文将出现的克洛德·贝尔纳、埃内斯特·勒南或克洛德·列维－斯特劳斯不同；但是他的成就绝对不可忽视。这里不说别的，光说他对近代医学一项重大技术的完成作出的贡献，那就是麻醉学。麻醉在我们今天是那么普遍，那么平常，很难想象那些灾难年代外科大夫要给病人切除胆囊或者截去一条腿的时候，病人是醒着的，痛得怪声大叫。弗卢朗是第一批研究氯仿性能并介绍给医学界认识的人。

麻醉术的发明不能归功于某一个人。就像其他类似的技术一样，它是一种观念长期酝酿与实验的结果。我们也不可以轻视在这前进过程中促成知识与实验向前迈进一步的任何人。在科学与技术中，每个研究员都是一只高贵的齿轮，虽则我们向某位科学家及他的工作、直觉或天才致敬是理所当然的，但也要记着一项发明永远是长期逐步改进的产物；如果说新理念总会让人看到旧思维的缺陷，新理念到时候也会被后来的理念超越，抛在后面。

然而，在艺术世界与科技世界之间，还不是有一个重大的差别么？艺术变化更替，但是不一定可以说是进步。19世纪在洛杉矶完成的一件雕塑，并不会使两千五百年前在雅典完成的一件雕塑遭到淘汰；毕加索的画并不会使法国拉斯科的岩壁画陈旧；今日的诗歌也并不会使莎士比亚的十四行诗落后于时代。反过来说，19 世纪外科大夫使用的技术，对今日医生来说，实实在在是要“遭到淘汰的”，看来“陈旧”，并“落后于时代”。科学从发展的模式来看，注定是集体完成的，极大部分人默默无闻。这毫不贬低个别发明家的天才，也毫不轻视每个时代推动发展的个人价值与贡献。

说到弗卢朗，他看来有准确与创新的直觉。他把醉鬼与抽鸦片者的行为进行比较时，观察到前者是“行动上醉”，后者是“感觉上醉”；对鸟进行的实验使他得出结论，酒精影响到小脑，而鸦片影响到大脑半球。长久以来大家都认为脑子是一团密集的球体，而很不注意组成大脑的区域，也不注意每个区域的特殊功能。幸亏有了像弗卢朗这样的学者，他们即使不能总是提供正确的答案，至少会提出正确的问题；一条令人振奋的道路得到了开拓，继续探索下去，每天会带来一点希望。以此来说，他是今日麻醉学领域的先驱。

在这个陌生的领域，他满怀热情，小心翼翼往前走。在他那个时代，并不是每个研究者都这样做。深入曲曲折折的脑区的科学研究已开始风行。有一个新问世的理论，创立者是德国医生弗朗茨 · 约瑟夫 · 加尔，声称在新发现的基础上建立了人的观念，称为“颅相学”，在 19 世纪上半叶红极一时，其影响远远超出科学范围。他的奠基性作品从 1810 年起在巴黎用法语出版：《关于一般神经系统尤其是大脑的解剖学和生理学，根据颅骨构成的观察，了解人与动物的若干智力禀赋与道德倾向的可能性》。加尔与他的合作者深信，根据大脑部位的“隆凸”，可以预测一个人在犯罪、懒惰、宗教信仰或夫妻不忠等方面的倾向性。

今天的男女大众思想上时时不忘20世纪的暴行，在他们眼里这样的论断是骇人听闻的。然而在二百年前，人们还没有必需的知识，自然不会对此类言论产生反感。

因此，加尔的理论迷惑了不少人，各种领域内都有不少信徒。信奉某种唯物主义的人从中看到，这是对宗教理论中自由意志与灵魂非物质性的驳斥。社会乌托邦平均主义门徒从中看到这是在客观主义基础上，也就是实际“可触摸”的基础上，“重新塑造”人的一种方法，而不是根据出身或财富的传统标准。那些主张实行殖民政策的人从中看到“文明种族”具有先天的禀赋得到了科学的论证。但是还有——更普遍的，也可说更无辜的——某些人相信他们找到了一种合情合理的科学理论。巴黎颅相学学会成立于1831年，由布鲁赛教授担任主席，有一家名牌医院便是以他的名字命名的，直至今天他依然是法国医学的光荣人物之一。

这种学说得到如此鼓吹，政府当局也感到惊愕，也有点不安，决定要求科学界一位德高望重的人物来检验这个新理论，跟他们说一说这到底是怎么一回事。他们的选择合乎逻辑地落到了弗卢朗头上：他是自然历史博物馆比较生理学教授，法兰西科学院、伦敦皇家学会、斯德哥尔摩皇家学院和其他科学院的杰出成员，法兰西学院第二十九把椅子的座上客，具备必要的学识与威望完成此项任务。

他在1842年发表的作品题目简单：《颅相学的检验报告》。这不是一份小册子，而是一篇条理分明、不容置辩的评估报告。

他一方面承认某些颅相学家是很有天赋和大胆的研究者，一方面对他们理论的科学价值表示怀疑，认为这里面涉及的道德内容是危险的。他举加尔的这段话为例："这些人自以为荣耀，可以毁灭成千上万国人，但愿他们知道这绝不是他们的本意，而是大自然使他们内心产生毁灭的狂想。"弗卢朗对此毫不留情地反驳："胡说！人应该知道且应该获得提醒的，是他拥有一种自由力量，决不应该退缩；凡是拥有这种力量而退缩的人，不论他以何种哲学为幌子，都是一个堕落的人。"

从《检验报告》的第一页起，院士就强烈而明确地申明，他的检验使命是涉及道德内容的，这远远要超出单纯的解剖学或生理学范围："每个世纪都有自己的哲学。17 世纪属于笛卡尔的哲学，18 世纪属于哲学家洛克和孔狄亚克，19 世纪应该属于加尔吗？"

皮埃尔 · 弗卢朗在《检验报告》中的无情批判，使颅相学此后一蹶不振。它从此被认为是一种"伪科学"的范例：凡是一个理论，研究的出发点是严肃的，也有真正的科学家主导，但是误入歧途，反而得出暧昧不清、道德恶劣的结论，都归入此类。颅相学在巴黎曾兴起风行，而今只有法语中留下一句短语"avoir la bosse des maths"（指有数学天赋），被不少人普遍应用，却不知道是来源于加尔博士的学说。

第二十九把椅子的座上客在这件事上扮演的角色不仅光荣，还卸除了那些因选他而挤走伟大的雨果的人的心理负担。1845 年路易－菲利普国王同时钦定把这两人送入了元老院 *。

弗卢朗在他有生之年得到了同时代人的尊敬。欧洲许多科学院邀请他当院士。法兰西公学院给他送上有机体自然史的教席。在他离世后，法兰西学院选择当时最著名的科学家之一作为他的继任者。那位继任者在入选演说中对同仁说出了这样的话，毫不让在座的人感到意外："你们失去了一位杰出的生理学家，选择一个献身于同一学科的人作为他的继任者，是对亡者表示更大的敬意。"接着又说："我们都沾了弗卢朗先生的实验之光，才对认知的中枢有了基本认识。"

1867 年 12 月 6 日，这把椅子的第十一位座上客逝世，享年七十三岁。我们可以这么说，他侥幸地躲过不久后几乎使他的国家与家庭陷于沦亡的灾难——1870 年第一次法德战争遭到屈辱的失败，接着又是血腥的起义，在历史上称为"巴黎公社运动"。他的长子居斯塔夫 · 弗卢朗，是卡尔 · 马克思的熟人，也是起义的领导人之一，获将军军衔，后来被保王派的一名宪兵一刀轻易砍死。

* * * * *

这是皮埃尔 · 弗卢朗的一生，其影响仍以某种方式存在，身后事倒是不那么悲惨。

* 法国大革命之后设立的元老院，拥有立法、批准法案或修改宪法等权力。1870 年 9 月，法兰西第二帝国崩溃之后，"元老院"之名亦不复存在。

1994年，儒勒·凡尔纳生前未发表的小说《二十世纪的巴黎》出版了。这部书写于1860年代初，作者竭力想象一百年后的首都会是什么样的。当时的编辑把书稿看了又看，劝他不要发表，认为它缺乏真实性，会有损他的声望。作者接受这样的评语，把手稿塞到了他的档案里。

在该书第十六章里，主角米歇尔“经过索邦大学，弗卢朗先生还在那里授课，始终精神抖擞，永远年轻，获得极大成功”。但是我们这位生理学家在1960年代还来做什么呢？根据猜测，这是儒勒·凡尔纳的一个有趣的隐喻，不是指弗卢朗在法兰西学院里“长生不老”，而是指弗卢朗在1857年出版了一部轰动一时的书。书名叫《人的长寿》，该书指出：“一个热烈的期望：正常人寿命一百年，非凡人士寿命可达两个世纪；要做到这点只需要遵照一个简单但是严格的条件：行为端正，生活忙碌，有工作，勤学习，在一切事情上节制俭朴。”

一眼看到书中的弗卢朗“永远年轻”，一百七十岁时还在授课，可能会让儒勒·凡尔纳的同时代人启齿一笑。可惜，书出得太晚，能够读懂这个隐喻的读者已经寥寥无几了。

# 第十二任

## 生理学家克洛德·贝尔纳（Claude Bernard，1813—1878）：想要重新发明医学的不朽者

1869年5月27日星期四，当克洛德·贝尔纳站起身在圆顶下发表入选演说时，有一位同仁露出了与众不同的笑容。这是文学评论家圣－马克·吉拉尔丹。他看着这位最令人钦佩的法国学者的高大身材，不禁想起那个瘦长青年的不安目光：三十五年前青年带了他写的一部剧本到吉拉尔丹家来求教。吉拉尔丹阅读后，很快提出一条意见：作者不乏文学天赋，但是还不足以证明这值得在这方面奉献他的一生。他毫不留情地这样说。

他的客人表面保持平静，但是内心显然很沮丧。这绝不是他原来期望听到的话。戏剧对他来说是热情的源头，是他最初的成年人生活中的一种精神寄托。他学校成绩平平，在中学毕业会考中失败。他的父母是博若莱地区圣朱利安的葡萄农，把他送到里昂一家药店当学徒。他在米勒先生的药铺里感到厌烦之至，那里像阿维森纳*时代与古希腊时代一样，需要不停地配制不可取代的复方软糖剂，其中有几十种原料，如鸦片、甘草、金丝桃、海狸香或沥青，还不要忘了放蛇虫干。这是帕提亚帝国米特里达梯国王时代作为解药调制的万灵药，两千年后还在用来包治百病。

---

* 阿维森纳（980—1037），原名伊本·西纳，中世纪中亚著名医学家、哲学家。代表作《医典》直至17世纪仍被西方国家奉为医学经典，至今仍具有参考价值。

青年学徒每周就是为那不多的时光活着的，那时他可以脱去工作服奔往戏馆。欢乐！辉煌！真正的生活！

他十九岁时，写了一部歌舞剧《罗讷河的玫瑰》，在里昂的则肋司定剧院演出，这给他带来了一百法郎收入。这算是一个良好的开端吧？他马上坐下来写第二部，雄心很大，要创作五幕历史剧，剧名叫《布列塔尼的亚瑟》。他稿子一杀青，便念给朋友听，他们建议他到巴黎去给吉拉尔丹评阅。吉拉尔丹那时还没有进法兰西学院，但在索邦大学教文学，在各种报刊发表文章，他的意见在戏剧界很有分量。

克洛德·贝尔纳去拜见他时，年方二十一岁。吉拉尔丹说的话，应该还久久留在他的记忆中没有忘记。“您给人配药，您是这么对我说的吧？那就继续配药吧，有空时弄弄文学！”

这个青年在那时候肯定深感挫伤。但是他有智慧与胆识，不执迷不悟，而是遵照这位卓越评论家的忠告去做。

从此他不再坚持他的文学梦，而在学校里发奋学习，再度报名参加中学毕业会考，终于几个月后竭尽全力获得通过，然后到巴黎医科学院注册入学。顺便说一声，在那里他算不得是最优秀的学生。据他的朋友，接替他在法兰西公学院教职的保尔·贝尔特回忆说：“这个学生沉默寡言，不专心听老师的课，他安安静静若有所思的样子被他们认为是懒惰，不知道他宽阔的前额后面藏的是什么。”

他在1839年通过见习医生考试，但是学得很辛苦，全班二十九人中名列第二十六名。1843年他获得了医学博士学位，但是第二年在解剖学与生理学教师资格考试中又失败——显然是他拙于辞令，要圆满表述自己的论文有困难。

表面上看，他的经历并不能让人看到他会出类拔萃，成为科学史上最卓越的人物之一。可能也应该这么说，正因为不锋芒毕露才说明他的伟大。旧时代的医生，如被莫里哀和其他许多人嘲弄的那样，他们为世人诟病，其中一个原因是他们开药方时自以为是，引用盖伦、希波克拉底或拉齐*的话来堵外行的嘴，时而穿插一些意义不明的词语，用的又是普通人无法听懂的语言。克洛德·贝尔纳则完全不同。微生物学家路易·巴斯德提到他时说："毫无学者式的卖弄和怪癖，有一种古代人的单纯，谈吐自然，绝对不装腔作势，然而内容深刻恰当。”当龚古尔兄弟听到他提起他本人的发现时总是谦虚说“有人认为……”，也大为折服。

这种谦逊不仅仅是一种礼貌和心灵美，同时也反映了一种新的科学态度。他的目标不是得到“一个”重大发现，也不是找到“一个”灵丹妙药。他的雄心壮志远远超过这些：他是要奠基创立

---

* 这三位均为西方著名医学家。希波克拉底（前460—前370）是古希腊伯里克利时代的西方医学奠基人，被尊为“医学之父”。克劳迪亚斯－盖伦（129—199）是古罗马时期最著名的医学家，被尊为希波克拉底之后最有影响的医学权威。拉齐（864—924），拉丁名拉齐斯，中世纪阿拉伯医学家、哲学家、物理学家，被誉为“阿拉伯的盖伦”“穆斯林医学之父”，代表作有《医学集成》。

另外一种医学。根据他的观点，医学应该推翻重来，从零开始，这次要把它建设成一门真正的科学；应该重新研究每个器官、每种分泌物、每个组织、每根神经，理解它们的功能，从中窥察它们引起机能障碍的真正原因。

当时人们心中有一种根深蒂固的想法，认为对待物质的科学与对待活体的科学之间有一个基本差别：对待物质的科学服从于不变的规律，对待活体的科学则有一部分是不可捉摸的、不可理解的、偶然的、神秘的、“具有生命力的”。贝尔纳毕生在对抗这种思想。他写道：“当一种模糊或不可解释的东西出现时，医生不是像一切科学家那样应该说不知道，而是习惯说这是人生，丝毫没有察觉这是用更模糊来解释模糊……”然后他又带点挑衅性地说，“这是人生”放在这个框架中，即是说“这是无知”。对他来说，医学科学应该像其他一切科学一样，通过实验来证实和制定规则；把医学当作艺术那样来描述，他就生气。

好几年间，他不动声色在实验室、教室里工作，围绕着他的有学生、同事、老师。他那时的著作有：《论胃液及其在营养中的作用》《论蔗糖的吸收》《鼓索研究》《论脊柱神经的作用》《面部神经经验谈》《对一位糖尿病人的解剖》，等等。

突然，一切都颠倒过来。一位几乎默默无闻的研究员一夜之间成为学界的典范、名人、神话。不是由于他有什么重大发现，或者神奇治愈了什么疾病，而是从某种意义说是多年的“厚积薄发”。巴黎人不是突然之间对脊柱神经、鼓索有所钟情。简单地说，他的名声起初在科学界和学院流传，然后扩大到圈外，说有一位克洛德·贝尔纳院士正在掀起一场医学革命，要清算那些不合时宜的概念，他的每项工作都跟前人做的截然不同。

贝尔纳四十岁后，各界的大门都一扇继一扇向他打开。1854年，他被选入法兰西科学院，四年前他还被这所学院婉拒过。同年，索邦大学因他而设立实验生理学教席。在法兰西公学院，他继承了老师马让迪教授的教席，仿佛是一种传承。国外许多科学院和科学学会，从伦敦到圣彼得堡，从斯德哥尔摩到君士坦丁堡，都邀请他加入。

因健康出了问题，他不得不远离试管和解剖台，到家乡小村子去休息几个月；他利用这段时间总结多年的研究心得，高瞻远瞩，开始写《实验医学研究导论》，作为恢宏巨著《实验医学原理》的第一卷。这部巨著没有完成，但是没有关系，作者把作品中最基本的内容都已和盘托出。

那些不熟悉克洛德·贝尔纳的人，那些不理解他的专业工作的人，突然发现——还迷惑不解——他除了是科学家，还是思想家、人文主义者、预言家。确实，有这样智慧的人是不多的，他们能够用同样的目光纵览自己埋头在做的工作、研究目标与研究者所处的广大世界。哲学家亨利·柏格森甚至把《实验医学研究导论》跟笛卡尔的《方法论》相媲美。“在现代科学史上这种创新精神只出现了两次，它是借由对自己进行分析与对科学发现进行确认，并躬身自省之后体现的。”

此前法兰西学院院士还没有能力去评估他对科学作出的贡献，

现在不由得怀着兴趣与敬意凝视他；当第二十九把椅子因弗卢朗逝世而空缺时，毫不犹豫选择让他坐了上去。他在圆顶下庄严发表入选演说的三星期前，被拿破仑三世任命为元老院议员。

* * * * *

克洛德·贝尔纳那时达到荣耀的顶峰，然而很少人知道他有多么不幸。

三十一岁时，经几位朋友的撮合，他正正经经结了婚。在那个时代这种做法并不异乎寻常，条件看来也合适，一切都顺当。克洛德通过了见习医生考试；玛丽·弗朗索瓦兹，也称法妮，是巴黎一位名医的女儿，带来一大笔嫁妆，可使小夫妻免去生活之忧。可是事情很快逆转。她期望过社交生活，而他总是钻在工作里；他难得有几次休假，却又立即要去看望在博若莱的母亲。比这些事更为严重的是夫妻俩的第一个孩子，是个男孩，只活了三个月便死去；后来他们又有了两个女儿和一个儿子，这个男孩也早早夭折。这些不幸加重了这对夫妻之间的怨恨、乖戾、不信任和冷漠。他们不断地疏远彼此，当然这也因为他们之间不曾有过推心置腹的时刻；这样过了几年后，走到了相互憎恨、相互折磨的地步。

当法妮奋不顾身投入反对动物活体解剖的激烈斗争时，他们的矛盾暴露于光天化日之下。她的丈夫把这个方法看成是不可替代的实验模式，还强烈推荐给学生。对法妮来说，这是酷刑，是残忍、可怖的魔性。他们两个女儿也表态站在母亲一边。

那些嫉妒科学家的人把这场争吵传了开去，他的朋友为此感到难过，大多数人拿这事当作笑柄；在家庭内部，每一个时刻都像在做噩梦。法妮最后对克洛德说，不要接近她，“因为他身上有死尸味道”。他必须离开夫妻同居的家，搬到学校路的一套小公寓内居住。那房子就在法兰西公学院对面，今天那里竖立着他的铜像。1870 年，他要求分居，经法院判决同意。

对他来说，很幸运的是在这之前一年，他遇见了一个人，她使他的生活不久即充满阳光。他们从来没有住在同一个屋檐下，也没有迹象表明他们在柏拉图式的、以书信往来为主的关系以外还有其他；但是这位夫人此后对他来说比任何人都重要，直至他生命的最后一刻。

玛丽·萨拉·拉法洛维茨是三个孩子的母亲，她跟丈夫赫尔曼从小认识，生活看上去十分和谐。他从前是敖德萨的一位银行家。他们在那里结婚，最大的两个孩子也是在那里出生。沙皇俄国第一次排犹后不久，他们移民到法国。那次排犹发生在敖德萨，正当 1859 年复活节庆祝时，根据同时代证人的说法，是港口的希腊水手而不是俄罗斯民众闹起来的。

玛丽富有，有教养，非常美，有一对丹凤眼。她讲好几种语言，偶尔给报馆写文章，密切注意文化与社交生活。她与那位大人物是在法兰西公学院相遇的，不久成为他的知友。名教授开讲，有自由旁听生来听课，这也是常有的事。有时候还有非常著名的人物，克洛德·贝尔纳上课时，前来听课的有居斯塔夫·福楼拜、诗人泰奥菲勒·戈蒂埃、巴西皇帝佩德罗二世，以及未来的国王爱德华七世，即威尔士王子。

玛丽第一次去听课完全出于好奇。她对于课堂内容并不特别感兴趣，但是她显然感受到这人的性格优点、做人风格和科研态度，想要进一步了解他。贝尔纳当然也注意到她。听课的人平均也才五十个左右，其中一位夫人美若天仙，又穿着雅致，不可能视而不见。

她还来了不止一次。有一天，她给他留下话，要向他请教健康问题。必须说明，这其实只是纯情少女的小伎俩；人人知道生理学家孜孜不倦做的是研究与教学。但是他客气地予以答复，把一个全科医生朋友介绍给他，她倒也去看了。她又给他写信感谢他这条建议，还说要请他吃饭。贝尔纳也不客气地接受了。

这位佳人来到他的生活正是时候。贝尔纳不但婚姻生变，心境沮丧，极为亲近的母亲也在不久前去世；而今身边多了一个善解人意、低调、热情、令人钦佩的女友，无疑是上天的礼物。他们一开始谈上知心话，他觉得足够信任跟她提到自己的苦楚："生命之杯总是对我灌满了苦酒，今日尤其如此。不管怎样我维护表面，装得是个非常幸福的人……"一天他在博若莱给她写信提到自己的欢乐："此刻我变成了一个葡萄农。这里是我家的基业，我就是在这里诞生的，对我来说干这些田间劳动肯定比写学院演说要愉悦多了。"

他在九年间给她写了将近五百封信，今天都收藏在法兰西研究院图书馆里。这是拉法洛维茨夫人的珍贵捐赠，可是又把她自己写的书信弄得不知去向，借口说它们毫无意义。可能这里面有非常亲密的表达。应该说明的是，她的信都寄到贝尔纳独自居住的住所，信件都由他亲自拆启；有时他写信寄到她的家，那里可能会有别人阅读。由于这个原因，他必须保持含蓄。的确信上零零星星有些热情的言辞："亲爱的夫人，您的内心和谐完满，兼有心灵与肉体之美。"但是这样的赞誉在他笔下并不多见。他也从来不叫她的名字，直到最后还是一直称她为"亲爱的夫人"。

这批书信中还有一个引人关注的地方，就是克洛德·贝尔纳从不曾有机会在众人面前谈到的看法，在信中得到了自由的表述。比如说，1870 年普法战争中法国大败。他经历了这个事件，跟许多同胞一样，把它看成是个人的悲剧。

"我以前没有想到自己会亲眼目睹祖国的所有苦难，让一个可恶的征服者可以在其土地上所向披靡、横行不法。如今事已如此，法国面对一个不共戴天的敌人——他战胜了，不仅要毁灭它，还要污辱它。"他失望到了极点，"德国魔鬼把它掠夺、蹂躏、肢解以后，竟然还以文明的名义放过它的猎物，法国已经真正死亡了。到了 20 世纪，人们会说：这里以前是法国；那里，以前是巴黎……"

这些话渲染过分，好像引起了他的笔友的指责，因为他在九天以后，觉得必须向她说明："我向您道歉，在最近一封信中表述的看法没有引起您的共鸣。那就把我的那封信烧了吧！"是他的悲观还是他的民族主义词句引起玛丽的不快呢？可能两者都有……有一点是肯定的，她没有认同他的看法。

*****

今日，大家很难设身处地像1870年的人那样去感受当时遭遇的“所有苦难”。因此从那时起在德国与法国之间发生那么多的悲剧——就以第一次世界大战与第二次世界大战来说吧——我们不由得要把这场冲突看成是欧洲大陆上两大强国长期血腥较量中的一段插曲而已。

克洛德·贝尔纳与同时代人不是这样来看事情的。在历史传统上，好几个世纪以来，法国自王朝军队开始，然后是共和国军队，接着是帝国军队，他们面对的敌人主要是英国、西班牙、奥地利王室、荷兰，偶尔还有萨伏依公国或某个意大利城邦，从来都没有德国。黎塞留曾派遣军队到莱茵河彼岸，那是协助一位德国亲王去反对另一位德国亲王。有几个世纪，欧洲人说到“德国人的争吵”，就会做出失望与无可奈何的手势，就像他们后来说到巴尔干国家的民族纠纷。

德国那时不是一个政治实体，而是一块分裂成许多邦国的土地，邦国之间做生意，搞阴谋，动辄打仗。对于大陆上的强国，德国甚至是一个士兵贮存库，谁出钱多帮谁打仗：当路易十四还是个孩子时，投石党人侵巴黎，马萨林挟了国王逃出首都，回来时就是带了一支德国雇佣军包围了巴黎。

然而事情也不需要回溯到那么远。1866年，仅在这场对法战争的四年前，普鲁士宰相奥托·冯·俾斯麦对奥地利宣战，在萨多瓦一战中打得敌人落花流水，许多法国人还庆祝这一事件。“今晚，我走遍各条林荫大道，”塞纳省议员阿尔弗雷德·达里蒙说，“所有窗子都张灯结彩。有人对我说圣安东尼郊区灯光明亮。到处人头攒动，川流不息。真像是法国不久前打了一场大胜仗似的。”

需要说明的是，1870年战争不是两个敌对的强国年久日深的冲突中的又一个插曲，而是一个新角色在欧洲版图上气焰嚣张的崛起，这位新角色怀有难以满足的民族野心。法国人绝没有想到他们那么仇恨自己、那么狂乱，从此以后也把他们的行为处处看成是掠夺者的残暴天性。

只是到了今天，以历史观点回顾，才可确切地了解：1870年7月欧洲这两大国开始冲撞，此后引起整个大陆遍地流血，沉重压迫着全人类的命运达几个世代之久。

这场“序幕式战争”最令人惊愕的一点是俾斯麦的意图，他要通过对法战争的胜利来实现德国的统一。这场豪赌的成功不可否认是快若闪电，拿破仑三世在一个半月后不得不投降。战败国被迫割让阿尔萨斯和洛林两个省，此后一直成为屈辱的象征；在凡尔赛宫大厅里宣布成立德意志帝国——这一番屈辱行动既无益又过分，此后也引起了其他灾难性的报复行动。

克洛德·贝尔纳在他的通信中怒气冲冲。“这下子完了！签订了一份辱国丧权的和平条约。帝国的漫不经心，共和国的无能愚蠢，普鲁士的虚情假意，使得法国任人鱼肉。”为了自我安慰，他预言说，普鲁士将“进入一败不可收拾的阶段”。

几个月后，他在信中还是回到其他操心之事：他在博若莱的葡萄园，他对紫罗兰的培养实验，编辑要求他修改下一部书的文稿，更多的是他的健康状况。他经常提起他的偏头痛，感觉极度疲乏，体质虚弱，卧床不起，还有“他的内脏”；他给人的印象是年纪远远超过实际。

他的健康事实上也是在不断恶化。1878 年 1 月，他抓笔写最后一封信，字迹几乎不能辨认。“就在今年元旦，我腹部风湿再度剧烈发作，痛不欲生……”之后他不再给他的知己写信，这无疑是因为她每天上他家来。

2 月 10 日，他咽气时，是她请雕塑家欧仁 · 纪尧姆来给死者做面模。

* * * * *

克洛德 · 贝尔纳去世在法国引起极大震动，政府决定给他举行国葬。科学家得到此项殊荣还是第一次。四千人跟在他的灵柩后面，走到圣叙尔皮斯教堂，然后又到圣拉雪兹公墓。致辞人先后登上讲台，称颂他是现代医学的奠基人。人人满口称赞他与众不同的经历，其中有人提到命运要他远离青年时代的梦想，即戏剧与文学。确实他也从来没有回过头重温旧梦。

然而，他在文学领域还是有影响的，甚至可以说是留下了一份遗产。左拉在 1880 年发表他的自然主义宣言，起名字叫“实验小说”，开宗明义说：“我在这里做的只是一份改编工作，因为，克洛德 · 贝尔纳在他的《实验医学研究导论》中建立了实验方法，说得既有力量又明明白白，令人赞叹。这部书出自一位科学家之手，其权威性不容置疑，将作为我牢固的理论基础，我的一切问题在其中都有叙述，我所做的也只是引用必要的段落，作为不可驳斥的论证。这也只是一部文章的辑录而已，因为我打算在所有节点上以克洛德·贝尔纳的理论为准则。我经常要做的事只是用‘小说家’这个词来替换‘医生’这个词，就可以把我的想法说清楚，使它具备一种科学真理的严谨性。”

这话说得再明确不过了。

逝去的学者在国内那么有威望，以至于他去世第二天便围绕他的宗教信仰展开了一场讨论。对一部分人来说，他自始至终是个不可知论者；对另一部分人来说，他在晚年时“回归了宗教信仰”。在那时的法国，国家与宗教的关系引起热烈争论，大科学家的意见甚受重视。

这类争论从来不是一次可以决断的。可是在这个有所指的情况下，当事人对这个根本问题的立场一直是清楚的：他从不仇视宗教，像许多其他人一样，在死亡临近时能够在信仰上找到一定的安慰，然而始终认为任何宗教或哲学理论都不应该自称可以代表科学真理。

出于这个原因，他对于敌对两方阵营说什么也不置可否：“一方不愿意承认大脑是智慧的器官，因为他们害怕这样说是向唯物主义学说作出了让步；而另一方则相反，他们忙于武断地说智慧存在于圆状或梭状神经细胞中，只怕人家说他们是唯心主义。至于我们，我们才不为这类事操心。生理学要以最先进的科学做榜样，摆脱阻碍其前进的哲学桎梏；它的使命是平静、充满信任地寻找真理，目的是以一种不可消亡的方式建立真理，决不去担心它将以何种形式呈现于面前。”

他不操心同时代人私下是什么信仰，也不喜欢人家打听他的信仰。他 1873 年写给玛丽 · 拉法洛维茨的这几句既气恼又带嬉笑的句子可以为证：“说起昨天，我收到一位大人物的信，他提起我说过的一句又一句话，向我斩钉截铁地证明我是最有信仰、最有思想、最强有力支持宗教的人。我不相信自己从前说过那样的话，我也肯定从来没有这样想过。”

克洛德 · 贝尔纳去世后三个月，法兰西学院召开会议，选择第二十九把椅子的新主人。

他们对贝尔纳的葬礼留下深刻的印象，对他得到的荣耀很自豪，这也是学院的荣耀，使全体人员都沾光。这也鼓励他们这次再选一位名人。

他们接着要选的那个人，是法国可能也是全世界最负盛名的人物之一，同时也是最引起争议的人物之一。这无疑也解释了他为什么没有早早被选上。对于许多人来说，他性情如霹雳。庇护九世教皇不是还亲口说过这是个“亵渎神明的欧洲人”么？

# 第十三任

## 宗教学家埃内斯特·勒南
## （Ernest Renan，1823—1892）：
## 敢于把耶稣称为“人”的不朽者

1879 年 4 月 3 日，当埃内斯特 · 勒南要在同仁中间坐上他的椅子时，圆顶下挤挤搡搡都是人，大家对他的演说盼望已久。他们也没有失望。

一开始他对创建人发表了传统的赞词，可是他有自己的方式。

“先生们，

“这位伟大的黎塞留主教，像所有在历史上留下行迹的人物一样，无奈创立了好多他没有想到的东西，有的甚至是他不太乐意的东西。比如说，我不知道——他是否很关心我们今日所说的相互宽容与思想自由。尊重与自己不合拍的思想不是他的主要美德，至于自由，大家也看不出在他的建国方略中占有什么显著的地位。距今已过去了二百五十年，这位强硬的法国统一的奠基人，从一个真正实在的意义上来说，却成了某些原则的推动者，这些原则若在他生前出现，必然遭到他竭力打压。这座学院不管怎样也是他创立最长久的机构，先生们，在这里不论什么样的政治、哲学、宗教、文学观点，一切理解人生的看法、一切类型的天才、一切美德，都肩并肩平等地坐在一起，这岂不是关于自由的一大教诲吗？”

但是，他还有另一段演说，结合到时代背景中引起更大的轰动。法国在普鲁士面前吃了败仗，人们对这件事还记忆犹新；同样，割让阿尔萨斯－洛林，让人时刻怀着复仇的欲望。然而，法国人则彷徨不定。只几十年前，他们跟随拿破仑一世，征服了大部分欧洲，吞并了汉堡和不来梅，逼得巴伐利亚、符腾堡、威斯特伐利亚、萨克森和其他数十个德国邦国都变为属国，怎么会衰弱到这个地步？怎么会被征服，受此奇耻大辱？他们会不会有朝一日，再度崛起，在欧洲乃至世界其他地区恢复其原有的最辉煌的国家地位？他们还在竭力相信自己固有的天才，但是对一切不再有任何把握。

勒南要激励他们的信心。虽则他在向同仁讲话，但是他的用意是说给全法国听的。

“据说有一种文化不需要才智，当你们听说它的到来时，或许不必担忧。你们应该担忧的是那种既不使人可爱也不使人善良的文化。”勒南没有明确说这是哪种文化，但是他的听众心里都明白他隐射的是什么。“产生于孤独中的迂腐科学，没有欢乐的文学，满心怨恨的政治，平庸的上等社会，缺乏机智的贵族，不懂礼貌的乡绅，失去士气的军队，我相信还不至于很快把法国这个古老、辉煌、知情达理的社会打倒在地。当一个国家认真严肃地在生产我们过去漫不经心在做的东西，培养出比帕斯卡与伏尔泰更杰出的作家，比达朗贝尔和拉瓦锡更优秀的科学家，比我们在 17 和 18

世纪更为高尚的贵族，比我们的女性更钟情于哲学的美人，比我们的革命更澎湃的激情，更倾向于高贵的遐想，更多的勇气，更多的智识……那样我们才会被征服。我们还没有到这个地步。我们还没有被世界遗弃。”

这番话说得慷慨激昂，咄咄逼人，得到激烈欢呼。但是长期以来跟随勒南足迹、能够透过现象观察的人，知道这场发泄其实是一次悔恨。

勒南从来就是德国崇拜者。1866 年，他听到普鲁士战胜奥地利帝国的消息，看到巴黎人张灯结彩，兴高采烈。他那时写道：“在萨多瓦取得胜利的是德意志科学，是德意志美德，是基督教精神，是哲学，是路德，是康德，是费希特，是黑格尔！”

即使在 1870 年 9 月，法国在色当战败、拿破仑三世投降后的那些日子里，勒南竟敢作出这样的预言——大胆，是的，但是不理智，直到他死后还因此挨人骂：“德国各方力量集中在普鲁士人手中，这只是出于一时之需而形成的事实。危险消失，团结也会跟着消失，德国不久又会回到它的自然天性……那时候，德国专注于自己的天资，将是一个自由、和平甚至是民主的国家……”

然而他又很快改变了自己的分析，主要是对莱茵河彼岸的一部分知识分子的态度感到失望，甚至是受伤；直到那时他一直觉得大家意气相投，他们好像突然陶醉于自己国家的胜利中，如那位大历史家特奥多尔·蒙森，他在那篇轰动一时的文章中，认为法国受辱是罪有应得，因为这个国家的文化变得“浮浅”“堕落”“邪恶”；或像那位自由派神学家大卫·弗里德里希·施特劳斯，他是勒南最亲近的德国朋友，现在要勒南承认阿尔萨斯应该天然地属于德国，因为这个地方讲的是德语。勒南对此进行驳斥，说唯一重要的是民心所向。“若向阿尔萨斯人提出这个问题，毫无疑问绝大多数会说留在法国版图内。用武力侵吞一个因反叛、愤怒而变得不可和解的省份，难道这就无愧于德国吗？”接着他又加上这几句话，在当时没有人能够料到这竟是那么有预见性：“我们的政治是国家权力的政治，你们的政治是种族的政治。我们相信我们的政治更优越。把人类明确分裂为种族，首先这样的分裂就是建立在一个错误的科学依据上，很少有国家的民族是真正纯粹单一的，除此以外，只会带来种族灭绝战争……”

在圆顶下发表入选演说时，勒南已经对和解不抱任何幻想，感觉有必要捍卫本国人的文化，对任何加以嘲笑的人予以反驳。他做得很机智，有才华，不失风度。他从不因此附和当时风行的民族主义修辞；他从不把“日耳曼的”作为贬义的形容词；他从不“把小孩连同洗澡水一起倒掉”——在此使用的是一句可能译自德语的法国成语。他不停地说：“我对我们的赞词从不后悔。我们对歌德或赫尔德的评价没有必要改变。我们忠实保持原有的评价，而今面对现在提出的所谓‘新思想’感到不知所云，这难道是我们的错吗？”

这种“新思想”不仅仅局限于德国。在整个欧洲，尤其在法国，形形色色的民族主义愈来愈狂妄、嚣张、简单化。勒南不愿迎合他们民族主义甚至是种族主义的逻辑。他说：“一个国家是一个灵魂、一种精神、一个精神上的家庭，共享从前的回忆、牺牲、光荣，时常还有沮丧和共同的遗憾，以及现在继续共同生活的愿望。组成一个国家的，不是讲同一种语言，或者属于同一个人种族群，而是在过去共同担负重大事业，还愿意在未来这样做。”他对国家的成就感到自豪，同时又不断提到他心目中最本质的东西：“人不属于他的语言，也不属于他的种族；他只属于他自己，因为这是一个自由的人，这是一个道德的人。”

1880 年，他在题名为《民族是什么？》的一次讲座中，把他对这一类问题的思考结果公之于众。读了这篇文章，人们明白为什么勒南这么令人折服。他表述清楚，思想连贯，行为讲准则，论证强有力，使他成为知识分子的典范；做事有始有终，不论从课题研究还是社会担当来说都是如此。

话是这么说，如果他的名声能够流传到今日，应该会得到一部分人的赞美，同时引发另一部分人对他怀有持久不散的憎恨，这不是因为他在民族问题而是宗教问题上的立场：他终其一生与宗教着保持最不可思议的关系。

* * * * *

从青少年阶段开始，直至最初的成人时期，勒南相信自己生来就是进入教门的人。从他的经历来说，也看不出他怎么到了四十岁就被人称为是基督教教义的死敌。

他生在布列塔尼的特雷吉埃一个相对富裕的布尔乔亚家庭，

但是在他 1823 年出世那年，遭了霉运。父亲开的一家航运小公司，经营不善，处于破产边缘。父亲为此感到极度消沉，有一个夏夜，有人来向家里报警，说他从船上跌入大海中；几天后在一处海滩上发现他的遗体。埃内斯特才五岁。“从那时开始，我家一直处于穷困境地。”他后来这样写道。

父亲留下的只是让未亡人感到无力面对的一大笔债务，这时他十七岁的女儿亨丽埃特把家事接过手里，一生劳碌就是要重振家业。

起初，她试图在特雷吉埃办一个女子学校，没有办成，就到巴黎去教书，后来被几个有钱人家聘为家庭教师。正是她通过门路把弟弟接到首都，注册到圣尼古拉 · 杜－查尔道内神学院学习，那是最佳的天主教教育机构之一。埃内斯特十五岁，毫无困难通过了考试。他神奇的记忆力，对课文的深刻理解，连续不断长时间专心学习的能力，使他成为一个模范学生。同时顺从听话。他从不埋怨，从不像同龄青年那样做傻事。他在学习中感到乐趣，一切都显示他生来是个博学的神职人员。这当然也是院长费利克斯 · 杜庞卢的期望。这人后来被写进一首强烈反教会的淫歌里，歌词里有这样的叠句：“啊！啊！啊！说真的，杜庞卢神父真恶心。”其实这人不是歌词里说的那样，他完全是个值得尊敬的人物，虽则在信仰问题上难以妥协。博学，有教养，能干，口才出众，他后来确立成为当时法国神学界的头面人物。勒南也很有可能走上这条道路。从事情发展的逻辑来说，他应该被聘任为教士，献身于宗教。他将近二十三岁时离开了这条道路，倒不是害怕过教门中的严酷生活，而是相反——据人说——是过于热忱，同时也是过分讲究知识与道德的严格性。

事实上，他全身心钻研《圣经》，就不免对某些章节的真实性产生疑问。比如某部书归之于以赛亚的，他觉得显然是两个不同的作者写成的；某部书归之于但以理的，他觉得出自另一个不同于传统所说的时代。这些疑问不足以动摇他对基督教的信仰，但是他在考虑，若要在最好的条件下继续他热爱的研究，就不应该让自己处于一个主教或某一宗派的长老的权威之下。在这个阶段，他还不是对宗教的反叛，而是处于学者要保持思想自由而下的决心。他于是放弃当教士。这确切说来是在 1845 年 10 月 6 日——他在《青少年时代的回忆》中这么说——他决心永远脱下他的修士法衣；他不久前跟杜庞卢教长进行最后的讨论，坦露了自己的疑问和疑虑；教长鼓励他离开，还给了他生活费，供他在还俗后的最初日子里以备不时之需。

他继续兴致勃勃地研究一切有关宗教的东西，尤其是圣籍，还大大扩展了自己的研究视野。他专心阅读德国哲学著作，如康德、黑格尔、赫尔德；他竭力去理解最新的科学发现，尤其是达尔文的发现，思考它们的内在含义；他同样对东方语言和文明表现出极大热情。二十五岁时，他在哲学教师资格考试名列第一，四年后得到博士学位，论文题为《阿威罗伊和阿威罗伊学说》。他专心钻研课题的同时，大量写作与发表各种文章，从《语言的来源》到《闪米特语族的比较系统》，其中还有《布列塔尼的灵魂》；这让他才过三十五岁便入选了法兰西铭文与美文学院。

1860年，他接受拿破仑三世委派的一项任务，到了黎巴嫩山。那里不久前遭受历史上令人发指的族群残杀，法国派了一支远征队去恢复当地治安。除军队以外，还像18世纪末拿破仑在埃及所做的那样，组织一支科研人员负责考古挖掘。他们选择的像商博良这样的专家就是勒南。这次不是去辨识古文字，因为希腊语与拉丁语的祖先腓尼基字母对考古学家已不存在秘密；但从来不曾做过严谨的挖掘，派一位博学的语言学家去住一阵子也是必需的。他本人给自己定的目标还是谦逊的，“发掘”一定数目的古代遗址，作为后阶段的深入研究之用。

他有姐姐陪同出差，在一部分旅程中还有妻子科尔纳丽·舍弗作伴，他们是在1856年成婚的。但是姐姐因这趟旅行却遭遇了一场悲剧。1861年9月，埃内斯特和亨丽埃特在同一时刻患上来势汹汹的疟疾；当他从昏迷中醒过来时，却被告知姐姐已经去世。她五十岁，一直未婚，无疑是不想离开亲爱的弟弟。

勒南回到法国不久，写了一篇文章《我的姐姐亨丽埃特》以志纪念。“她阅读我写作的所有校样，她的审阅非常宝贵，我当时还没有发觉的疏忽，她都无比仔细地找了出来……她对我的思维方式了如指掌，几乎总是在我要说之前已经领会，以至于想法会几乎同时出现在她与我的思想中。”

这段短暂热情的身世中，最扣人心弦的是勒南提到那天向姐姐说出决定要结婚时，亨丽埃特作出的反应。忠诚热情的姐姐突然醋性大发。“爱情所能包含的暴风骤雨，都让我们经历了。”她甚至暗示会去自杀。埃内斯特大为惊恐，去对未婚妻说他放弃娶她，然后又回来把自己的决定告诉姐姐。当时姐姐没有作出反应，但是第二天一大早便奔往科尔纳丽家说，她不会让弟弟退婚的。婚礼照样举行，然后新婚夫妇出门到卢瓦尔山谷地区度蜜月，埃内斯特给亨丽埃特写信："我怎么才能说服你，我们之间绝对没有什么发生了变化，你永远是我亲爱的理想人物、我一生高贵与美的原则！如果你认为在我心中一种感情会驱逐另一种感情，我对你的感情会减少或者被代替，你这是误解了我的天性！"

他们共同逗留在黎巴嫩山的日子，在某种程度上好像是"他们的"蜜月旅行——姐弟之间一段动人的田园诗，却有个悲惨的结局。"我们同时在热病中睡去，醒来的只有我一人！"

他从最初的打击中恢复过来，宣布要给亨丽埃特造一座陵墓，但是接待他们住在比布鲁斯古城附近的天主教马龙派显贵，向他建议把她葬在他们离教堂不远的家族墓穴中。为了不违拂他们的好意，他最后接受了。他后来这样写道："此外，我要有朝一日我们又会在一起。当下这一切在我眼里都是暂时的。但是谁知道她上哪里来找我，还是我去找她呢？"

*****

勒南回到法国，就收到拿破仑三世的一封亲笔信。"听到您遭遇的不幸，我责备自己鼓励您献身科学而让您轻易参加一次充满危险的考察，最终给您带来残酷的后果。"拿破仑三世召见他，以便亲自向他致哀，还要听他亲口说一说这场任务的结果。勒南后来果然在 1861 年 11 月到贡比涅去见他。

不久以后，他得到法兰西公学院的希伯来语教席——这是一项殊荣。他在三十九岁已经遐迩闻名，无人对他的学问表示异议；可是皇权制度的反对者指责他“卖身投靠”，首先是接受这次黎巴嫩山的任务，其次是去觐见皇帝；他们信誓旦旦要在课堂上捣乱。“明天我将上我的第一堂课，据说这是一场战斗。”他 1862 年 2 月 21 日在给居斯塔夫 · 福楼拜的信中这么说。这确实是一场战斗，一场持久的战斗，开始时像大家预见的那样，但很快完全以另一副面目出现。

“一点钟时，”法兰西公学院院长在呈递给公共教育部部长的一份报告里说，“在克洛德 · 贝尔纳先生留给埃内斯特 · 勒南先生使用的医学梯形教室门前，已经有二百来人排队。两点钟打开大厅门，群众一拥而入，不到几分钟便座无虚席。大多数人高呼：‘勒南万岁！’左边的人喊：‘打倒勒南！不许他讲！’绝大部分回答：‘他必须讲！’尖声怪叫，混乱一片。《劳动报》编辑又大喊大家进门前听到的口号：‘打倒贡比涅传教士！打倒勒南！打倒一切教权主义者！’当勒南走进大厅，迎面而来的是从大多数观众席里发出的响亮欢呼声。但左边《劳动报》编辑的座位处发出了辱骂声、嘘声，还向他掷来一大把硬币。尽管好几次有人打断，但都立即被热烈甚至有时还如雷鸣般的欢呼声压了下去，勒南教授还是能够做完他的报告。”

他的报告《论文明史中闪米特人民的贡献》，里面有一段是这样写的："留存在历史中最为惊天动地的精神事件，发生在巴勒斯坦的加利利。一个无与伦比的人，他是那么伟大，即使这里的一切都要以实证科学为准，我还是要说，若有人对他如此不平凡的功德表示惊讶，从而要把他称为'神'，我决不反对。他改革了犹太教，这场改革如此深刻、如此与众不同，说实在的，是一场横空出世的创造。"

今天，这几句话叫人听了并不反感。但在那个时代，要是把耶稣称为"人"，即使是"无与伦比的"，也是不容许的。人们在阅读时感觉到作者煞费苦心，写出了一句面面俱到甚至拗口的句子。一切都是白费心思。这一刻给他自己招来了宗教界持久不散的仇恨，终生未曾消除，虽则不久前他还遭到反教权者的狂嘘，被归入"教权主义者"行列。这次讲座过后四天，教育部下令停止他授课，由于"勒南先生讲解的学说，深深伤害到基督教信仰，可能会引起令人遗憾的骚动"。

同一天，教授收到拿破仑三世亲手写的所谓"道歉信"："先生，您知道我对您的深切关怀，我对您博大精深的学问无比钦佩。因而也可看出我是完全出于无奈才同意暂时停止您的授课。您必然明白，国家不可能在公共教育讲堂上容许人们对基督教的一个基本观点予以否定。我对这个意外事件表示强烈的惋惜，但是我也希望您能跟公共教育部部长取得一致，他不久也就能够让您重新开课了。"

即使发生这些禁课与禁言事件，必须要说明的是那个时代还是相当开明的！

尽管皇帝早先表示了好心的愿望，“勒南事件”还只处于开始阶段。停职的教师不但没有去找上级部长寻求任何和解，反而利用空余时间完成了一部文稿。这部作品记录了他与亨丽埃特逗留黎巴嫩山时的经历。“整个山谷酷热难挡，我们极度疲劳，使我下决心迁往海拔很高、处于凯斯卢昂湾深处的加齐拉居住。我们在那里找到一幢小房子，带有一个美丽的葡萄棚。我们在那里过了几天安逸休息的日子。我决心把我在蒂尔居住到巴勒斯坦旅行这段时间里对耶稣一生的想法，统统写下来。”

在法兰西公学院听了那几句话感到震动的人，见他把这部异乎寻常的传记发表更会百倍惊骇。这次还是这样，勒南态度上对这位圣人绝对没有任何诋毁，只是谈耶稣像是在谈一个凡人，把他放在他那个时代的宗教、文化、政治背景中议论，这样对“基督是神”的基督教信条发出了不可容忍和大为不敬的挑战。

在巴黎盛传有一部名为《耶稣的一生》的书即将出版，1863年6月24日，意大利大道十五号门前排起了长队，那是新书店总部，不久前被出版人米歇尔·莱维和弟弟卡尔曼买下。记者、教员、政客、时尚女性都争先恐后要得到初版。初版一万册在几天内销出，加印即将超过四十万册——闻所未闻！作品在欧洲各国翻译，传播甚广；遭禁的地方则在私下疯狂传阅。

勒南遭到的仇视与他的成功也是相当的。他在法兰西公学院授课，原本只是停职，这次干脆取消。不论在天主教圈子还是新教圈子里，人人怒不可遏。数不尽的小册子、布道、报刊文章，把这个制造丑闻的作家骂得个狗血喷头。教皇本人也赞扬那些起来反对勒南的人，并在那时候给他安了一个今后再也难忘的头衔：“亵渎神明的欧洲人”。这个头衔，对于一部分人是洗不掉的耻辱标志，对另一部分人则是荣誉的圣号。

到了今天还是，知道埃内斯特·勒南这个名字的人，大多数仅止于把他看成是文笔犀利的《耶稣的一生》的作者、基督教不共戴天的仇人。

不过，随着时间的推移，从之后在西方乃至世界各地发生的一切事件来看，大家有权利提出这样的问题，这把椅子的第十三位座上客对于他所背离的信仰，反而是给予了一个机会，甚至可以说是一种祝福。

他把圣书的内容加以严格评论与筛选，促使信徒放弃那种过于死板的阅读——那种阅读轻松，然而毫无收获，最终还是危险的。那些人使得谁都不准对圣书给予历史或科学的评论，只会把他们的文明引入枯萎僵硬的死路；教会必须下狠心摆脱思想上的固步自封，让宗教信仰能够开始与科学、进步和自由在西方共同存在。

当然，勒南不是单枪匹马在进行这场拯救性的颠覆工作。在各个领域、各种宗教信仰、各种学派中，都有一大帮研究人员和思想家，对这股思潮作出了贡献。在法兰西学院第二十九把椅子上发生的事，在这方面提供了雄辩有力的说明：前后两位世界级的学者，他们有不同的学识、不同的专长、不同的信念，却在人们的精神上进行了一场互可比照的革命。勒南使这些人害怕，他们想，若把耶稣还原到他出生的历史环境来讨论，宗教就将失去内容；克洛德·贝尔纳又使另外一些人害怕，他们想，若把生命归之为化学和物理现象，人就失去了精神维度。一阵惊愕过后，人们就会认识到肉体的功能，甚至头脑的功能，既不会正面地也不会负面地影响到宗教信仰。说实在的，一项科学发明——不论在生物学、语言学、天体物理或任何其他领域——能够证实或者否定宗教信条，这个想法在今日显然是荒谬的。对精神性的追求，是与人的生存条件不可分离的。从这个事实出发，向上帝提出“为什么”是永远不会消失的。相反，向上帝提出“怎么样”，这就是对我们不懂的一切要求作出神明的解释，这个问题会随着无知的逐渐缩小而注定隐没。从而人们可以合情合理地想一想，勒南的犀利论文与其说是让教会大发雷霆，不如说是应该让教会感激不尽才对。

教会的雷霆并没有使“亵渎神明的欧洲人”的职业生涯受到太大的连累，或更确实地说，得益与损失两下相抵。他随后出版的许多作品当然不会像他的畅销书那么成功，但也不会不引起注意。比如《以色列民族的历史》《伊斯兰主义与科学》《青少年时代的回忆》，还有卷帙浩繁的《基督教起源史》(《耶稣的一生》只是它的第一卷)；即使他姐姐的简史也不例外，原先他只打算印上一百部赠送亲友，后来也重印了好几次。作为作家来说，他可以心满意足了。

作为教师，他也可以这样说。第二帝国一垮台，他终于回到法兰西公学院。这点颇为诡异，因为大家知道他与拿破仑三世保持着一团和气的关系。但是拿破仑三世则竭力摆出天主教保护人的样子，在色当向普鲁士军队投降，然后逊位，遭到流放。主张政教严格分离的信徒为此感到满意，勒南在他们眼里是英雄。

他获得这样的社会地位，应该立刻向他打开法兰西学院的大门，但是通往那扇大门的路上还有一大障碍：杜庞卢主教，他的老师变成了他最厉害的审查官。杜庞卢在 1854 年入选，在学院内部被认为是神职人士一派的领袖。大家不愿意去冒犯他，也就等待他重病后离开巴黎，才让他的学生“通过”。勒南在圆顶下受到庄严接待时，杜庞卢已经入土为安了。

勒南逝世于 1892 年，享年六十九岁——无论是受人敬重还是被人憎恨，谈吐始终高雅，目光狡黠，身子胖乎乎的。政府通过决定，给他也像给他的前任那样，举行了国葬，但是不安排宗教仪式。

* * * * *

若干年后，政府决定在勒南的家乡特雷吉埃为他竖立纪念碑。一尊雕像就这么铸造了出来，充满了现实主义的寓意：勒南已是老年形象，坐在一条长凳上，撑着拐杖，身子肥硕，头向一边稍侧，若沉思状，或者可能在喘气；在他的身后高处则站着严肃轻逸、象征自由思想的女神雅典娜。

那时竖立这样的纪念碑来称颂名人也是常有的事。但是给“亵渎神明的人”这么一个荣誉不会不引起摩擦。布列塔尼天主教徒看到这尊铜像设在了离教堂才几步路的地方，表示受到了污辱。

大家把这看成是有意的挑衅，发誓要阻止其正式揭幕。

揭幕典礼确定在1903年9月13日，当时有政府首脑出席。埃米尔·孔布以前也当过修士，脱去法袍还俗后，当上了激进党的主要领导人之一。激进党是一个政治组织，竭力主张世俗性以及政教分离。他前往参加仪式，陪同前去的有其他几位政界负责人，还有若干文化界大人物，其中有诺贝尔文学奖得主阿纳托尔·法朗士，许多人把他看成是勒南的精神之子。还有军队布置在城里，防止有人冲击会场。反对派纠集了一大帮人，分散在教堂四周，高声吼叫："打倒叛教者！"孔布的信徒则回应："打倒教士！"两个阵营发生了推搡、冲撞、斗殴，遭到了逮捕，乱作一团。但是不幸中之大幸是没有人死亡与重伤。

最后，仪式像预期的那样进行：纪念雕像揭幕，大人物发表演说，然后秩序井然走上回巴黎的路。可是，天主教一方不想让事情到此为止，发出号召要竖立一尊"耶稣受难像"以示抗议，八个月后在几千名信徒面前揭幕。

到了今天，在特雷吉埃还是可以看到两尊对立的纪念像，一尊向勒南致敬，一尊对勒南嘲弄。在第一尊上，可以读到这个当地出生的孩子的名言：

"人有了信仰，不要让信仰成为一条锁链。"

在第二尊上，可以看到据说是罗马百夫长在受难的耶稣脚下说的这句话：

"这人真是神的儿子。"

# 第十四任

## 参议院议长保尔－阿曼·沙勒梅尔－拉库尔（Paul-Amand Challemel-Lacour，1827—1896）：不喜欢前任的不朽者

第二十九把椅子的新座上客是1893年3月23日星期四入选法兰西学院的；四天后，他成为参议院议长。当他在圆顶下受到隆重接待时，依照惯例必须对前任表示赞赏。他私下对一位女友说："这篇鬼演说不能不让我心烦；不容易写，尤其不能触犯勒南的崇拜者，首先是他的未亡人；还有从我的地位来说不可能说假话来否定自己的想法，那可不都是些好话……"

最后一句话还是说得婉转的；事实上，新当选者恨透了勒南，免不了在演说中流露出自己的感情。表面上还是恪守礼仪，实际上不遗余力攻击声名显赫的死者——他的个性、作品与思想，其严厉程度在学院这扇门内还是少见的。

大家知道，不少人讨厌《耶稣的一生》的作者。但是他的继任者绝对不是读了这部作品会反感的人。保尔－阿曼·沙勒梅尔－拉库尔——他的朋友以及他的敌人都简称他为沙勒梅尔——是个左翼政治人物，铁杆共和派，主张世俗化，反教会。他责备的是这位破坏偶像的思想家触动了一些神圣之物，不是指基督是不是神的这个问题。

"勒南先生就是喜欢嘲笑法国人心中抱有的最宝贵的定见，他不断地揭露法国大革命。他一直穷极无聊地一次又一次抨击它的过激之处，还歪曲它的原则，对它的破坏性与创造性都同样指责，喜欢把革命贬低为高卢人个性放纵的一件小事。这些想法他从不思改正：他逢上机会便说，可见在他心中是不可摧毁的。然而我可以肯定，您看他带着大家熟悉的笑容，心里也在否定自己：我对大革命的坏话说得太过了；这也许是我们做的最大好事，既然全世界都那么嫉妒。”

沙勒梅尔对他的前任作出的奇怪赞辞，一句又一句，到了最后成为对他的起诉书。沙勒梅尔提到“他对民主的厌恶”，“像掌握神谕的斯芬克司似的那样面无表情”；“他从不思改变的刻薄语调”，“幼稚崇拜一切来自德国的东西”，而“法国的传统却使他有点不耐烦”。据这位继任者说，“勒南先生毫不重视文学，也不重视文学天才”；他的政治主张归结为一句简单的见解：“回归过去”；“他的修士教育使他心里形成根深蒂固的印象，这个社会长久以来失了序，现在谁都在追求利禄，不值得关心”；他梦想看到全人类“为寡头思想家作出牺牲”；他擅长给最奇异的思想披上宗教的外衣，若就近一看，后面隐藏的是“这个世界没有意义的悲观论调”。

要明白这样大动肝火的原因，必须回溯到1862年2月在法兰西公学院那次一波三折的会议。那时，勒南刚从黎巴嫩山出差回来，那些指控他为帝国政权卖命的人对着他狂嘘。沙勒梅尔那天若在大厅里，也会参加一起狂嘘。他确实属于最激烈反对拿破仑三世的一派；在他眼里拿破仑三世是暴君，跟他相勾结的人——尤其在大学教员中间——是共和国事业的叛徒。

他对勒南的负面意见也是从那个时期开始的，在以后的三十年间也没有发生什么事情让他纠正这种看法。当然，在圆顶下发言时，他还是用心对他的前任说了一连串赞辞——“博大精深”“杰出”“卓尔不群”“能干”“天才”“杰作”；但没有人是好骗的。过了最初五分钟后，全体在座的人，不光是勒南未亡人和“崇拜者”，都明白接下来要说的绝对不是好话了。

学院根据传统，在前一周召开内部会议了解演说内容，以便针对内容写一份答辞。那次答辞是由杰出的拉丁学专家加斯东·布瓦西耶来作的。他是法兰西公学院教授，沙勒梅尔选上后，即指定由他来“接待”，以学院术语来说也就是由他来对入选演说作出应答。一般来说，新入选者要感谢同仁让他入选，其间向红衣主教奠基人致敬，然后他的讲话主题是赞扬前任。对此作出应答的人则是回顾这位继任者的人生经历。

但是那一天，事态不像平时那样发展。沙勒梅尔偏离了他的主题，布瓦西耶也不得不偏离自己的主题，去修正刚才对他亡故的同仁所描述的形象。“不论您对这位当代俊彦如何崇敬，您还是作了一些保留。这样很好，他也愿意人家这样议论他：一篇平凡的、毫无诚意的赞辞对他是不合适的。但是先生，我还是要在您给我们所描述的勒南形象上擅自加上几笔。”他接着列举勒南的高尚人品：重视友谊，拥有知识分子的勇气，隽永幽默，在任何情况下快快活活，尤其是心胸宽大。他从来不自降身份向“污蔑者”报复，“他们的侮辱从来不会影响他的镇定自若”，“基督教最大的道德准则是对侮辱的宽恕，他身体力行，比谁都做得好”。

在对逝者的形象作出这几处“修正”的同时，布瓦西耶向听众介绍这位继任者，提到他的历程、学识、著作、领导过的斗争、担任过的职务；他说这一切时彬彬有礼，即使禁不住要讽刺上几句。如他提到沙勒梅尔在报馆工作反对拿破仑三世统治的时期。“您那时攻击帝国，激烈勇敢，令人感到惊讶，当时您的朋友都在哀叹自己生活在一个专制政府的统治下。然而实际上大家都在想，他们如果称心如意享受无话不说的全部自由，还能说出什么更厉害的话来呢。”

这个看法是有道理的，对这位新院士还不算刻薄。下面的话听了才令人咬牙切齿呢。“法兰西学院总是给政治人物留出相当的空间，这是一个可上溯至源头的传统。您那位声名显赫的前任对此自有一套理论，他认为学院就像古代雅典城市的公共机构，用以接收法国旧制度里的遗老。这些前部长、疲劳的演说家、赋闲在家的外交官在里面找到光荣的藏身之地，勒南有意把他们想象成是一些有点看破红尘、壮志未酬、意志消沉的人，但是心满意足享受到他们很少有过的宁静。他想象他们平静地一起闲聊，怡然自得，毫无悔恨……”

沙勒梅尔，恰好是个前部长、著名的演说家、赋闲在家的外交官，非常可能不爱听到“遗老”这个词。不管怎么说，学院向这位灰白胡子的“新人”传递的信息是很清楚的，他带着太多过去的抱怨走进了这座大厅：对他而言最理想的事就是把这些纠结留在衣帽间里，重新恢复和睦，并赢取同仁的友谊。

* * * * *

沙勒梅尔对前任的攻击，可以认为是过激的，不问场合，有失风度；但是他有自己的看法，一位严肃与雄辩的演说家理所当然要在满座文人面前提出不同的意见。尤其这两人之间看法针锋相对，但不存在恶意、见不得人的目的或者个人恩怨。

虽则这两人恰好一个做了另一个的继任者，实际上他们属于同一个世代。勒南在 1848 年哲学教师资格考试中得第一名，沙勒梅尔在 1849 年同样的资格考试中也得第一名。这样的巧合很有意义，这两个日子也不是无关紧要的。

欧洲在这个历史时期掀起前所未有的革命浪潮，被称为“各民族的春天”，牵动了许多国家——意大利和德意志各邦国、奥地利和匈牙利、波兰，等等。在这动荡不安的时代，即便是瑞士，还有过一场内战！但是这场动乱在法国引起了最有意义的变化：1848 年 2 月，在巴黎街头经过三天流血暴动后，路易－菲利普国王不得不退位，第二共和国宣布成立。全民投票立刻得以展开，得胜的是路易－拿破仑 · 波拿巴。拿破仑一世的这位侄子，经过投票，变成了法国历史第一位——当时也是欧洲第一位——有了“共和国总统”头衔的人。

不论在法国还是在欧洲大陆其余地区，大家对此都寄予了无限的希望。但是选举大胜后三年，这位总统亲自酝酿了一场政变，让大家同样感到无比的失落。他废除了共和制，学他的伯伯当上了皇帝，取名为拿破仑三世。即使像维克多·雨果那样对拿破仑史诗时代满怀崇敬的人，也被激怒了。

他们的怒火久久不能平息。第二帝国徒然采取各种开明安抚措施，制定有益的改革政策，完成大工程——如奥斯曼男爵首都改造工程……一切都是白费！他掐死了共和制，这事罪大恶极，是没法掩饰的。

与1848年相联系的大革命风暴长期留在人们的记忆中，后来对欧洲、对全世界产生沉重的影响。从这个时代民族主义思潮开始不可逆转地兴起。也是在1848年，马克思与恩格斯发表了他们的《共产党宣言》。若要给历史上种种事件提出一个过于明确的起因是有风险的，但是把在19世纪后半叶爆发又延伸至整个20世纪的种种战争与革命，都归因于那一年的纷乱，这样说不是没有道理。

那时候，勒南与沙勒梅尔这两位年轻卓越的哲学教师，对他们周围发生的事的反应非常不同。勒南只是平静地观望事态发展，无动于衷，几乎还带着疑虑，在理性或感情上决不干预一二，宁可继续静静地研究阿拉伯哲学家阿威罗伊和圣书文本。在他眼里，唯有达尔文、牛顿、哥白尼，还有路德进行的革命，才称得上革命。引起他心里真正热情的是“他自己的”革命，那个由他发表的《耶稣的一生》引起的革命。街头骚乱、群众运动、政权颠覆不会叫他热情澎湃，反而会使他心烦，使他不安。他因为信念与自律，主张理性与秩序；只是他与教会的冲突，在处于反神权热潮中的法国人看来，他成了左派的象征性人物。

他的继任者在圆顶下发表演说，要消除的也正是这个误解。他觉得这是他的责任，让听众明白勒南一贯怀疑法国大革命，怀疑一切革命，也怀疑一切民众运动。

沙勒梅尔自己对1848年的各个事件，则完全是另一种反应。他奋不顾身投入到反暴政、建立共和的斗争中去，他也为此承担一切后果。

在巴黎师范大学学业结束后，他被任命为波城中学的哲学教师，然后又转至利摩日中学——这对于哲学教师也是正常的轮换。但是他听说共和国总统不久前酝酿了一场政变，要大权独揽，他也在同时走进了反叛者的行列。在国家档案馆，有一份总检察长的报告，他控告这个青年教师利用自己对学生的影响，号召他们拿起武器；说他是个“狂热的社会党人，以言辞激烈引人注目”。中学所隶属的学院院长还是要保他。院长本人写的一份报告语调不一样；尽管承认下属“做事不谨慎”，还是把他说成是个“有才干、想象丰富”的教师，抱有理想。以他看来，“把他与那些反社会、搞破坏的阴谋分子混为一谈，那是不公正的”。

沙勒梅尔被停了职，这已是最宽大的处分。但是他立即前往巴黎，参加在那里举行的反对派大会。他在那时被警察逮捕，关押了几星期，然后被驱逐出境。

有七年半时间，他不得不在比利时、德国、意大利和瑞士之间流亡。为了谋生，他教课，做翻译，给报馆写文章。他在法兰克福居然与亚瑟·叔本华相处很久，给他写了一篇长文，登载在《两世界杂志》。他在1859年趁一次大赦才回到法国，决心重新参加战斗活动。

在这场战斗激烈之际，他遇见了那个后来成为他导师的人：莱昂·甘必大。“导师”这词或许用得不恰当，因为甘必大还是两人中年纪较轻的那个。但他是雄才大略的鼓动家，他的大朋友毫不犹豫加入他的行列。他们两人协作，接连创办了两份左派报纸：《政治杂志》，然后是《法兰西共和国》。沙勒梅尔要当理论家和论战家，甘必大有意无意把他推向角斗场。未来的院士嘟嘟囔囔照做不误，但是直到晚年，他还是不停地咒骂政治使他放弃了“真正的天职”，当不成哲家学和作家。这只是一种故作姿态。他确实是半推半就走上了政治舞台，但是他对玩弄心术与追逐荣誉还是入了迷，再也没有表示要放弃。

他在这方面留下什么痕迹了吗？实在说没有。历史书里仅有几次提到他，也只是在列举甘必大的忠诚朋友的时候。甘必大则成了一个传奇性人物。在法国，没有一座城市，没有一个乡镇，不以他的名字来命名一所学校、一条马路、一条大道甚至一个城区，虽则长时期以来左派与右派的报刊嘲笑詈骂他，说他“态度放肆”“蓬头散发”“疯子”“谈话大喊大叫”和“独眼龙”。

甘必大这个意大利移民之子的一生经历真是不同凡响，祖父是热内亚郊区一个普通渔民，父亲在卡奥尔开一家杂货店，他自己到了二十一岁才获得法国国籍。他是战斗力极强的律师、优秀的法律评议委员，绝对忠诚于共和理想和世俗化制度，在第二帝国时期，成为不屈不挠的反对派领袖。后来一次不到五周时间的“空中旅行”，使他成了大众偶像——今后也永远如此。

1870 年 9 月 2 日，拿破仑三世在阿登地区的色当吃了败仗，被普鲁士军队捉获，当了俘虏。举国惊愕，仿佛给这场意料不到的失败震昏了头脑。甘必大两天以后在巴黎市政府大楼前宣布皇帝逊位，第三共和国诞生，组织“国防政府”，来对抗正开始入侵祖国领土的敌军。不久，首都遭到包围。民众的最后希望是在外省建立一支军队，从背面袭击普鲁士人；有谣言说在图尔一边的卢瓦尔河流域组成了一支庞大的军队。

这时候，发生了一件让人永远不忘的大事：10 月 7 日，甘必大在蒙马特圣彼得广场登上热气球吊篮，升至高空中。群众目瞪口呆地观看了这一幕。气球飞越敌军封锁线时遭到射击，但是经过几次停靠后，降落在庇卡底地区埃比纳兹村附近的小森林里；然后又去了亚眠、鲁昂，最后回到图尔。胆大无畏的部长从那里发出号召，要进行“殊死战”。

他的创意旅行一点没有改变双方力量的对比，他的几位政敌甚至谴责他延长一场已经输定的战争，造成无谓损失。但是他这种带有象征性的姿态给战败的祖国找回了一种尊严，祖国还是对他满怀感激。这位被认为是极左的政客，一夜之间，实实在在超越所有党派、所有学说，甚至超越了自己而成了一则神话。“甘必大在历史面前展现了祖国的崛起。”1938 年戴高乐上校这么写道。两年后，戴高乐追随了他的做法。

在国防政府内部，甘必大是内务部部长。他最迫切的任务之一是委托他的一部分亲信，到法国各省重树政府的威信。沙勒梅尔被派往里昂当罗纳省省长。从某种意义来说是他的火线巡礼。这座全国第二大城市实际上已处于起义状态，中央政府还没有做好准备给它的代表提供行动的手段。这点受到敌对各派强烈的批评，他最后要撂挑子；但是他的导师相信这不是他失职，并让他当选为立法院议员。

沙勒梅尔作为行政官员和谈判员没有经受住考验，却显出他当议员的才华，尤其是一位谁都比不上的演说家。正由于这样，他的政治生涯不是像他认为或者假装认为的，只是一段插曲而已。在整整四分之一世纪内，他或当众议员，或当参议员、大使、外交部部长，最后大家看他还做了参议院议长。这无疑是甘必大扶他上马的，但是在保护人过世后还能够留在马鞍上，这要靠他自己的本领。他的保护人在 1882 年猝然死去，年仅四十四岁，当时的情形从来没有完全弄清楚。有人说是腹膜炎，是糖尿病，是癌；他的政敌提到他与情妇的一场争吵；流传最多的八卦，是他自己说几星期以前不小心操弄一把上了膛的手枪，打伤了自己的胳臂。

这件怪事也加强了甘必大的传奇色彩。那个传奇当然来自他在蒙马特高地那次史诗般的气球突围；当他号召人们对一个已经十拿九稳胜利的侵略者进行抵抗，传奇更是愈传愈奇。但是，如果他没有长年领导一场百折不挠的有效斗争，建立了一个以普选作为基础、有稳定行政机构予以保证的共和国，那些事情并不足以使他名声长盛不衰。可能还必须说明这一点，法国第一共和国只存在了十二年，第二共和国只四年，而甘必大宣布成立的第三共和国后来存在了七十年，永远结束了那些王朝复辟者的痴心梦想。

由此可见，这位移民的儿子，即便不被看成是法兰西共和国的奠基人，至少也是创建人之一。这样说并不过分。

* * * * *

沙勒梅尔自始至终追随他左右，忠心耿耿，初心不变，严格律己。现在大家明白了，他谴责这位学院的前任没有站在同一边，参加同一场战斗。

事实上，勒南不信任普选，他的观点是这样会给一群没有知识的民众过重的分量，据他说，他们“缺乏理想，不接受一切超过个人意志的社会原则”。在他看来，一个社会要获得进步是在于教育大众，而不是把权力交给他们。

奇怪的是这两位院士的性格——据人说——恰与他们的信念截然不同。勒南对老百姓评价不高，然而对待他们客气周到，能够长时间跟普通人闲聊，丝毫不会显出不耐烦和厌恶。而民主派沙勒梅尔——据认识他的人说——则急躁和高傲。

朱丽叶·德鲁埃写给情人维克多·雨果的一封信，恰好可以作为证明。他们两人虽则有半个世纪时间像夫妻般生活，但是宁愿不在一个屋檐下过日子。这解释了他们为何通信频繁，交换的函件达数万封。

朱丽叶经常邀请一些雨果想见或者她自己想要他认识的人到家里做客。我们浏览了她的通信，知道 1877 年 9 月 22 日星期六，她请作家奥古斯特 · 瓦克里到家里吃晚饭，这是他们两人的朋友。她有一点疑虑。“昨天我忘了对瓦克里说那个晚上他会遇到沙勒梅尔，但是我希望他不会生气，因为他经常跟难缠的人相处，应该已经习以为常了，客人中多一个还是少一个这样的人都不会令他尴尬；我希望尽管我疏忽了，晚上可以一切顺利。只是两人冲突初起时你要尽量在场，也就会太平无事的。”

议员莫里斯 · 奥迪内尔的文章也给大家类似的印象，他曾是沙勒梅尔的亲信之一。他在回忆录中写道：“沙勒梅尔天生是个最不合群的人，对人无比轻蔑，对自己的健康担心不已，动辄生气，很不正常，没有道理的任性，使他不容易跟外界甚至跟自己最亲密的朋友建立关系，也难以持久。”

大家一致认为这位大人物难以相处，跟每个人如此，甚至跟甘必大本人也如此。记者约瑟夫 · 雷纳克跟两个人都是朋友，把自己亲身经历的一件事发表在《法兰西共和国》报上，说沙勒梅尔对着甘必大本人发泄他的臭脾气，接着摔上门扬长而去。

1876 年在《费加罗报》的一期增刊上，有一篇文章《笔下人物剪影》，给当时的参议员与众议员画肖像，沙勒梅尔被画成怒气冲冲的样子：“面孔苍白紧绷，坏笑……不是用嘴巴而是用铡刀在说话。”

这些证词显示出这人可憎和怪异的一面。他也就是这么一个人。或许是信念如此，像他所说的那样，或许更可能是愤世嫉俗。在他的抽屉里发现一份未完成的手稿，雷纳克在他死后发表，题目为《一位悲观者的研究与反思》。沙勒梅尔写道："取悦他的同类，这对于人竟是那么急需吗？人际交往的本性竟是追求喝彩而不论其原因性质吗？犹如需要爱时，得不到人的同情，就去抚摸一条狗吗？"

所有这一切证词，其中包括他自己的证词，在这点上是共同的：接近沙勒梅尔的人很少跟他意气相投。大家可以尊重他做人严肃，才华出众，但是大家很难喜欢他。

有几人猜测，在这张严厉的面具下掩藏着一段曲折离奇的情史，从他的青春年代开始，一直持续到他死亡，这必然影响到他的行为与脾气。

他的知己朋友对这件事守口如瓶。沙勒梅尔死后不久，雷纳克发表一篇文章，提到"他生命中缠绵悱恻的私情"，不点名地向"他一生中的神秘女伴"致敬。

他们的爱情故事1852年开始于布鲁塞尔。青年反对派不久前被驱逐出法国，他没有钱，没有固定收入，必须马上找个工作。有人建议他去给一位著名音乐学家的孩子当家庭教师，这对一位师范高材生、哲学教师来说不是理想的工作，但是他实在没有其他选择。

学生的母亲名叫欧仁妮。她是个大美人，婚姻陷入了困境。

对她来说，来的这个青年教师无疑是一缕阳光；对青年来说，犹如溺水者回到了岸边。沙勒梅尔几年后在一篇文章内谈到他们的相遇，这篇文章跟他其他的作品大不一样；他出于羞涩，用第三人称写作，却像孩子般的天真，讵称他写的是一个“一见钟情”的故事，但不是他的。“从第一刻起，他们不用对视，已经看见彼此……他们为什么一下子就惊慌不安呢？他们自己也不知道怎么说，他们是敌人还是同谋，他们在互相呼唤还是在互相猜疑，他们周围是围墙还是障碍。但是一种真正神奇的力量在这一刻占据他们全身。他们惊慌失措，服从了……”

他还不到二十五岁，而她才三十岁出头。他们发誓彼此相爱，永生不渝，尤为罕见的是这个誓言他们成功信守了一辈子。

恋情开始时，他们没有像后来那么谨慎，不久风声就传了出去。欧仁妮的丈夫是一位著名人物，她的父亲是一名将军。谣言满天飞，以致沙勒梅尔原本打算在比利时定居，不得不改变计划。当他向情人提出他有离开的打算，她说她追随他。她这样做了。流放者带着她辗转在德国、意大利、瑞士。这些漂泊的年代倒变成了度不完的蜜月。

趁着大赦宣布，反对派回到法国，欧仁妮不离不弃。他们住在了一起。这是从一则逸事中间接得知的。1860 年 2 月，理查·瓦格纳到巴黎。这趟旅行的目的之一是用优秀的法语出版他的四部歌剧脚本。德国诗人乔治 · 赫尔韦格建议他把这项任务交给他的一位朋友。“负责翻译的是沙勒梅尔 – 拉库尔先生，”德国作曲家瓦格纳在他的回忆录《我的一生》中写道，“我在赫尔韦格家遇到他，那时他在政治避难。他是个理解深刻的翻译家，他帮了我一个大忙，人人都夸说他的翻译极有文采。”这些都是好听的话。可是有人保留了欧仁妮写给朋友即诗人的妻子埃玛·赫尔韦格的一封信。欧仁妮带着玩笑的口吻说，她的伴侣不久前开始翻译脚本，她自己“根据他的鬼脸来评断瓦格纳的作品”。有时候——她说——“他叹口气，绝不是赞美的样子”；有时候，他把脚本抛在一边，朝花园跑去，要摆脱“这种拙劣的诗篇”，去寻找大自然——“这才是美不胜收的好诗篇”。

他的情人跟着他过完流亡生活以后，也随同他走向荣华富贵：省长、议员、部长、院士……到了人生这个阶段，他们也乐意把两人的关系——像当时人所说的——予以“合法化”。但是被抛弃的丈夫顽固地不同意。他心头所受的创伤从来不曾愈合，也无心原谅他们，让他们有好日子过。

他们还是被迫维持不清不白的私婚关系，把希望都寄托在丈夫故世之后。他比妻子大十岁，比沙勒梅尔大十五岁。他一旦病故，欧仁妮当了寡妇，就可以再嫁。但是在这点上，被抛弃的丈夫也同样顽固——若可以这样说的话。他生于 1812 年，只是到了 1909 年，活到九十七岁才决心撒手人寰。这对情人早已谢世多年，没有能够成全好事。

1894 年先走的是欧仁妮。沙勒梅尔不胜悲哀，甚至一蹶不振。“自从那天，他生涯中陪伴四十年的神秘女子落葬以后，他只有一个想法，跟她相见于黄泉。”雷纳克写道。这事在 1896 年 10 月 26

日到来了。根据他最后的遗愿，他安葬在拉雪兹公墓里她的坟墓旁。

学院给第二十九把椅子选了一个继任者，从前也是甘必大的忠诚信徒，沿着他的足迹，甚至受他的鼓励进入政治舞台，但是选择他当院士倒是出于其他原因。

# 第十五任

## 外交家加布里埃尔·阿诺托

## （Gabriel Hanotaux，1853—1944）:

## 在法国遭千夫所指的不朽者

1896 年 10 月 7 日，在孔蒂河滨道发生一件非同小可的事：俄国尼古拉二世沙皇正式访问巴黎，来参加学院的一次例会。有人说他是以这种姿态表示要追随他的远祖彼得大帝的榜样。

彼得大帝，说实在的，从来没有参加过这类会议。1717 年 5 月，他前往学院所在地——那时还在卢浮宫里；但是他像平时一样，也没有对谁说要去。有两位院士碰巧在那里，急忙让他参观会议厅；大厅是空的，他转身就走。

尼古拉二世沙皇和亚历山德拉皇后，他们要来参加的是一场真正的会议；他们也就给他安排一次。学院几乎全体都到齐了；缺席的只有两位，其中有沙勒梅尔，那一天他已生命垂危。

有几人致欢迎辞，有一首平庸的应景诗，然后围绕词典上的一个词展开讨论：动词“animer”（给以生命，赋予活力）。院士们机智幽默，各显神通，沙皇本人也发言参加讨论。他兴致很高，准备延长在这里停留的时间。但是那天晚上在市政府还有一场欢迎会，然后在俄罗斯大使馆有一场宴请，又接着在法兰西喜剧院有一场盛大演出……下午五点，法国外交部长加布里埃尔·阿诺托用手指点戳他的表，表情谦卑。皇帝点点头，立即起身。其他在场的人也同样做。

三星期后，传出沙勒梅尔的死讯。在选举他的继任人的日期确定之际，学院却意外收到有阿诺托先生本人签名的参选信。

这种做法不合时宜，甚至有点不适当。外交部是共和国最有威望的政府部门之一，部长一直还在任上。他不久前还以这个身份参加过一次私下会议。他难道是在利用自己的职权“夺门而入”吗？这对学院来说真是左右为难。要是说“不”，这岂不是让大家以为是在蔑视法国政府；要是说“是”，如何又不让人觉得屈服于特权？

话虽如此，毫不否认，那人具备当院士的一切才干。他若在其他场合自荐，大家或许不会惊奇，甚至还会庆幸他这样做。他是个天才的历史学家，工作严谨，文笔清新；不但是知识型人才，也是人人尽知的实干家，要不怎么年仅四十就已经做上了法国外交部领导人？有些人看不惯他这种不合时宜的做法，则发牢骚说，他太懂得实干了。

到了投票那一天，那是 1897 年 4 月 1 日。在这次会议上有两把椅子空缺。一把椅子在第一轮便投票结束。另一把椅子，第一轮投票无人获过半票数，包括外交部长；进入第二轮，然后又进入第三轮；最后在第四轮选出，仅有一票之差。这样做显示了学院的“集体智慧”，他们不欣赏他的做法，也要执意表示出不满，但做得还是含蓄，有分寸。

阿诺托意识到这是给他的小小下马威，倒也不生气，对同仁也不耿耿于怀。他坐上这把椅子长达四十七年，出席率还比大家预料的要高。另一方面，他的外交生涯不久后突然结束，逼迫他回到安静书斋生活，从事研究与写作。其实这也更适合他的脾性与天赋。

* * * * *

他 1853 年 11 月出生于庇卡底一个公证人家庭，在声名显赫的巴黎文献学院学习。后来他在回忆录《我的时代》中叙述，他一头钻入档案资料中，忘记钟点，忘记日期，甚至忘记进食。他生命中有一段时间放下档案工作，这完全是由于那位他与大多数同胞尊敬崇拜的甘必大的干预，他以前从未见过甘必大，甘必大有一天则召他来办公室，“分配他任务”。

这是在 1881 年 6 月。阿诺托还是个青年历史学家，二十七岁，非常用功，名声不响；他在图书馆搞研究时，有一个论题启发了他，想要深谈，于是给《历史杂记》专栏写了一篇文章，登在甘必大与朋友创办的《法兰西共和国》日报。这位政治人物那时是国民议会主席，但是对自己的日报还是十分关切，他非常欣赏阿诺托的文章，它谈的是南特敕令，亨利四世颁布此敕令，结束了天主教与新教之间的宗教战争。甘必大觉得这是一个极好的例子，应该在法国提出类似敕令，借以结束共和派和君主派之间、教权主义者与世俗主义者之间等等没完没了的争吵；由于《历史杂记》

的文章是不署名的，他询问总编辑这位作者的身份，表示希望跟他见面。

阿诺托在《回忆录》中叙述他怎么在波旁宫的办公室里受到这位大人物接见。“我一下子就被征服了。他五官端正、气色清朗，用独眼观察，可以说心灵也独一无二，声音温和，有点嘶哑，显得更亲切，思想睿智，心地坦诚，待人宽宏亲切，伸出手来有礼有力。总之一句话，他本人及给我的接待使我全身感到他的气场，自后任何东西，即使是离别与死亡，都不能够驱散。”

甘必大被“党派之间的南特敕令”这个概念吸引住了。他对此谈论了很久，提到实行以后对国内外关系的好处。突然，他对着发愣的客人大吼一声：“别搞您的档案了！参加政治吧！听到吗？我们需要人才。明天，您要是不占个位子，获取经验，那就会太晚了……过来吧，给我们带些青年来！”

面对这样的召唤，尤其是一位生前已成为传奇人物发出的召唤，阿诺托怎么会无动于衷呢？此外，对于一位热爱历史的人，不但可以参与叙述，而且还可以参与行动，这个诱惑是巨大的。

他起初在甘必大身边工作，后来他成为另一位接近神话般的人物朱尔·费里的办公室主任。这两人在今天都属于共和国创建者行列中的人物。他们是朋友，多数情况还是政治盟友；但不总是这样，他们有时也意见分歧，甚至还完全对立。前者在后代看来，是共和国力挽狂澜的象征。后者在人们的记忆中一直是共和制学校的创始人——世俗化、免费入学、义务教育，有时也忘了他另一方面却是建立殖民帝国的积极鼓吹手之一。在他的思想里这甚至是教育政策的自然结果：法国有责任给人民提供最好的教育；同样，它有义务给世界其余地方推广启蒙知识。很少人谈到“文明使命”像这位左派人士那么确信和雄辩，他是个坚定的共和派、人文主义者和共济会成员。

这个问题上存在的分裂，在未来的几十年内发生了根本的变化。保卫殖民地逐渐变成民族主义者和右派政党的特权，而左派则避之唯恐不及。在这件事上，今天的人很难理解19世纪最后三十年人们的心理状态：阿诺托在他的《回忆录》中说他看到“多亏了费里”，议员们开始使用那时还很陌生的一个词“殖民地政治”，由衷感到高兴。

费里担心的一件事甘必大也担心，那就是法国人遭遇1870年的崩溃，意志消沉，在感情与思想上成为民族主义思潮的人质。民族主义以复仇作为一切事物的出发点，念念不忘这件事必然造成一种不健康的氛围，人人都相互责备对方叛国或巴结敌人，寻找替罪羊。这两人谁都没有活到德雷福斯事件，但是他们已经在担心会发生这类事。在他们看来，要解决法兰西民族的问题，不是长年累月生活在爱国的狂热中，而是埋头苦干去建设一个繁荣的国家，有稳定的政府机构和经过良好教育培养的青年。从这个理论来看，建立一个全球性的殖民帝国显然是一步妙棋，避免面对强盛的东邻国家处于弱势地位而“另辟蹊径”，在全世界人的眼里证明法国还是个欣欣向荣的国家。他们说，一旦时来运转，国家还是可以报仇雪耻，收复失去的土地，但这不是可以依靠群情汹汹会取得胜利的。“矢志不忘，但尽量少说”——这是甘必大对阿尔萨斯－洛林地区问题的叮嘱。

阿诺托从来不是个空头理论家，也不是个战士；但是对事物的看法跟他认识的大人物们相差不大。他在议会和外交使团待过一阵子，在1894年5月当上外交部长。他执行的政策是贯彻他们关心的事。这方面他作出一些成绩，但是也造成自己的失败。

进入奥塞河滨道的外交部时，他遇到的难题可以归纳如下：法国在德国的铁掌之中，没有其他选择，只能与英国联盟；问题是英国知道这个用意，利用它为自己谋利。

比如说在埃及这个问题上。巴黎在苏伊士运河的开凿中扮演了重要角色，希望大家承认它在埃及的事务中享有跟英国类似的监察权，在尼罗河河谷地区进行某种形式的“双方共管”。我们从甘必大的信函知道他对此甚为关注，也向英国人提出过要求。英国人断然拒绝。这点是可以理解的：这一个强国由于跟德国人为敌，不得不站到自己一边，他们为什么要给它送上礼物呢？

还有更使人感到为难的。从世界格局来看，要建立一个殖民帝国，法国的主要对手恰巧是大英帝国。他们又怎么能不让英国在世界各地如同在埃及问题上那般傲慢呢？要是法国人在阿尔萨斯－洛林的冲突上经常需要它的帮助，又怎么能够在刚果、君士坦丁堡、东京湾或其他地方压倒它呢？

法国为了摆脱困境，绝对需要组织新的联盟。阿诺托于是到美国去开拓新局面，恰逢美国也正开始要在国际上扮演重要角色；他还着手跟俄罗斯建立一种非常特殊的关系。俄罗斯既怀疑德国在欧洲的野心，也怀疑英国在东方的野心，巴不得跟法国建立密切的关系。尼古拉二世到巴黎的豪华游，首要的目标是巩固这个新联盟。

这次访问对阿诺托来说，不可否认是成功的。他不久前不是把一个欧洲强国争取过来参加法国的事业吗？这个强国曾经重创拿破仑一世，还曾在1870年站到过普鲁士一边呢！大家欢呼他的战略目光、决心，还有他的才干。

他留在人们的记忆中将是一位伟大的部长、举世无双的外交家，要是他的一份创议没有在不久以后遭遇臭名昭著的失败的话：那是法绍达事件。

这个事件的情节错综复杂，但是基本事实非常简单。巴黎为了逼迫英国接受它对埃及的共同托管，想出主意，派了一支远征军到苏丹南部，在一个叫法绍达的地方插上一面三色旗。那些人的如意算盘是伦敦已经在该地区遇上了大麻烦，主要是在喀土穆有叛乱，还把英国总督戈登将军的性命也赔了进去，十有八九会采取息事宁人的做法，法国到那时撤回军队，交换条件是参与共组埃及政府。

这是一场扑克牌局，英国人还你另一场扑克牌局：他们宣称准备兵戎相见。法国驻伦敦大使写信给他的政府，说英国全国陷入前所未有的民族主义狂热，对于他们的威胁要予以认真对待；英国人一心要控制前往印度的各个路段，比整条苏伊士运河看得还重；要向他们争夺这方面的霸权，无疑是把他们的帝国置于危险境地，他们为了阻止这样的事发生已做好战争的准备。

法国不能冒险挑起这样的冲突，最后退让了，从法绍达撤兵。全国哗然，愤怒，苦涩，恼恨。阿诺托在这桩不幸的计划中负有责任，成为众矢之的，受到最激烈的攻击。他在 1898 年 6 月不得不离开外交部，让他的继任者去收拾烂摊子……

他只有四十四岁，政治生涯已经中断。这在历史上是个大错特错的拙劣外交事件，而且还纠缠着另一件事，他在其中所起的作用实在是次要的。

关于法绍达一事，他始终为自己激烈辩护，直到生命最后一天还在反复说，要是没有被迫把问题留给继任者，他就会知道怎么让法国以退为进，免受这份奇耻大辱。在另一个问题，他只是提出一些不完整又神经兮兮、言不由衷的解释。

*****

很少事件，像这个仅仅被称为“事件”的德雷福斯事件，花费掉那么多的墨水。要把它归纳为几句话不免有点自不量力，但是予以粗线条的回顾也不是多余的。1894 年，一名法国军官阿尔弗雷特 · 德雷福斯上尉，被指控为德国间谍；他不断地声称自己是无辜的，还是被判降级和关入大牢。1897 年，出现了一些很难予以否定的新资料，证实德雷福斯确实是无辜的。是不是需要重审？整个法国分裂成“德雷福斯派”和“反德雷福斯派”，经过长时间的争吵，上尉得到平反，起诉他有罪的人丢尽脸颜。

1894 年 10 月，这桩案子还没有闹得沸沸扬扬时，政府官员已经获悉德雷福斯被控犯有间谍罪，这是战争部长梅西耶对他们说的。阿诺托在外交部，嘱咐他小心，尤其不赞成他要按照自己的意思逮捕那名军官。但是梅西耶不听他的：为了安抚把这件事放出风声的民族主义者报刊，梅西耶宣布逮捕德雷福斯，为自己的决定辩护，语气肯定地说他有把握坐实他的罪名。从此以后他坚持这个立场不变，在一切场合都竭力证明自己没有错。

阿诺托再也不说什么。直到那时为止，他的立场是可以理解的。他不知道被告是无辜的还是有罪的；不管怎样，这桩案子出在军队里；决定权在战争部而不是在外交部，这是正常的。

诉讼在军事法庭进行，被告被判有罪，降级监禁。在这个阶段，差不多人人都深信他罪有应得，即使克列孟梭 * 也如此（他后来成为德雷福斯最坚决的捍卫者），他读到判决后第二天发表的社论，奇怪大家竟会那么宽大，"叛徒"居然没有被枪毙。

三年过去了，在此期间，德雷福斯上尉在法属圭亚那大海中的魔鬼岛服苦役，而在法国本土，他的近亲，还有少数朋友，各处奔走为他鸣冤叫屈。尤其是他的兄长马蒂厄组织调查，终于在1897 年 11 月获取资料为他的弟弟开脱罪名，使真正的罪人无地自容。

这时，"事件"才真正开始。德雷福斯的辩护者要求纠正错案；他们联系报馆、政治人物，也联系当时开始被称为"知识分子"

* 乔治 · 克列孟梭（1841—1929），法兰西近代史上最负盛名的政治家之一。1906 年出任法兰西第三共和国总理，同年 7 月，最高法院宣布德雷福斯无罪。

的那些人。1898 年 1 月 13 日，在克列孟梭主编的《震旦报》上，刊登了由左拉撰写的长文《我控诉！》。

从某种意义来说这是“德雷福斯派”的宣言书。这些人来自方方面面，主要包括左翼共和派、坚定的世俗派，他们往往但不始终是反教权者；在另一“反德雷福斯派”阵营里，大多属于但不限于天主教徒、右翼民族主义分子、反犹分子。第一类人的主要论点是，这是一场司法错案，必须尽早予以平反；第二类人的主要论点是，军队的决定不容怀疑，这会打击士气，削弱战斗力。

左拉这篇文章的题目，还是克列孟梭一锤定音的。作者原来的篇名简简单单:《致共和国总统菲利 · 福尔先生的信》。当时所有人的目光的确也都注视着总统，注视着他与政府。既然一个人平白无故给送进了苦牢，最高当局难道没有责任把他放出来，给予纠正吗?

国家首脑犹豫不定，议院议长也复如此。阿诺托呢? 他，甘必大的学生、朱尔 · 费里的朋友、历史学家，岂不是最适宜在此风云时刻挺身而出，坚定地说必须结束这场不公正的司法审判，使法国避免引起一场新的宗教战争? 是的，这桩案子不取决于外交部，但是事件已经闹腾到这个地步，已不限于某个部门，而是远远超出了这个范围。

在政府各官员中，德雷福斯派首先与他接触。阿诺托毫不避讳向他们说明，他现在深信德雷福斯是无辜的。那么他没有这样公开宣称又在等什么呢? 不肯发出声音让公众听到又在顾虑什么呢? 有许多朋友，如历史学家加布里埃尔 · 莫诺，还有约瑟夫 · 雷纳克，都再三要求他这样做。约瑟夫·雷纳克是在甘必大身边认识他的，现在随同兄弟萨洛蒙在积极动员德雷福斯的朋友；他们恳求阿诺托，斥责他，怒骂他；但是阿诺托非但不被说服，反而抗拒，甚至固执己见。他像共和国总统和政府其他官员那样——他说——应该让司法根据自身的程序办事，是司法来决定给或不给改正审判的机会。"审判的不是我。"他推却说。对这句话，克列孟梭这样回答他："您没有审判吗？您那样有把握？我要说的是您审判了，您每天每小时都在审判，您能用一句话去拯救那个无辜的人，您却让他遭受那无名的苦刑，见死不救。"

在决定德雷福斯事件的几个月内，充斥着激烈的辩论，阿诺托陷在这个氛围里，竟至于引起公愤，德雷福斯派恨他，反德雷福斯派也恨他。

民族主义派作家莱昂·都德，是反德雷福斯派领袖之一，用恶毒的词汇描述他："在任何情境下，如果阿诺托必须作出一个决定，提出一个主意，他总是选择最不光彩的那个，承担最小的任务，同时又在寻找退路，可以马上推卸责任。他相信这就是外交。一个拔腿就溜的老手！"

在德雷福斯派一边也听到同样腔调的话。用社会党领导人让·饶勒斯的话说："阿诺托先生在整个德雷福斯事件中采取一种可悲的两面派手法。他根据说话对象的不同而说不同的话，现在他又装作外交官似的默不作声。他还天真地对朋友说：'在德雷福斯事件中，不论采取什么立场的人，都受其折磨；接着必须让没表态的人说话了。'这不是高尚的道德，实在是庸俗的政治。"

阿诺托本人竭力摆出清高与从容的姿态，但是他不久便知道他在任何方面已失去人心，为此而难受失落。他在写给一位外交官朋友的信中说："这些知识分子在不久以前，还都是我的合作者、我的朋友，甚至可以说是同一教门中人，现在都厌恶我了。"

他的政治生涯在那个时候永远结束了。他也是个明白人，理解到这点后也不恋栈。

对他来说，幸运的是政治不是他的一生。他主要还是历史学家与研究人员，在书籍、资料和档案之间如鱼得水。他被逐出政治天堂后，躲在书斋里写作，其热忱不亚于青年时代。熟人说，他在晚年，对于自身的不幸甚至感到自豪。"我是那个遭千夫所指的法国人。"他说这话时笑得像个海盗。

* * * * *

加布里埃尔·阿诺托在他那把椅子上坐了很久，看着各种人物、政权、事件络绎不断经过，著述不断，涉及各种主题，计有《马恩河战役》《非洲的分割》《圣女贞德》《巴尔扎克青年时代》《法国史》《埃及史》，此外还有《塞纳河及其河滨道——图书爱好者的散步》。他的作品超过一百部。

他在第二帝国时期度过童年与少年；青年时经历过1870年溃败、普鲁士人入侵、巴黎公社、共和国重新建立；到了晚年又遭遇了1940年溃败、德国占领、共和国重新死亡；最后在1944年4月11日九十一岁时平静死去，差点赶上诺曼底登陆战与巴黎光复。

六个月后，10 月 12 日那天，在一次特别会议上将选举阿诺托的继任者，为了这次特别会议，大家不得不征求戴高乐将军的个人意见。

# 第十六任

## 历史学家安德烈·西格弗里德（André Siegfried，1875—1959）：吸引人人来听课的不朽者

1945年6月21日，安德烈·西格弗里德在圆顶下发表了入选演说，对他的前辈毕恭毕敬，为他在外交部的业绩辩护，甚至还把法绍达的错误推卸到其他负责人身上。他指责加布里埃尔·阿诺托的只是一件事：他一点不懂英国人的心理状态。

这位新院士说这话当然是有感而发，因为他被公认是对大英帝国有独到研究的人之一。他不停地奔波于从利物浦到悉尼、从温哥华到约翰内斯堡的旅途上。第一次世界大战期间，他在英国国王的旗帜下，给一支加拿大炮兵队当翻译。这个角色完全适合他的个性。实际上，他为拥有法国国籍高兴与自豪，同时跟盎格鲁－撒克逊世界也有千丝万缕的关系。平时他从不高声谈论这点，但是有时会“自我透露”。就像他写父亲的传记时，人家猜疑他同样也是在描述他自己。

“父亲不见得愿意做英国人，但是也不尽然，因为他衷心遗憾法国人并不具备盎格鲁－撒克逊人的优点。他将盎格鲁－撒克逊人作为模范介绍给同胞，又想得过于简单，没有意识到他们的自尊心受到了挫伤，从而产生不少误会。这正是因为他深爱法国，同时却又希望同胞不要像现在这个样子……我由衷地认为他若生活在瑞士、荷兰、英国或美国，会感到更加自在。”

他的父亲朱尔·西格弗里德在第三共和国时期当过市长、众议员、参议员、部长，他的人生经历跟法国其他政治人物毫无相像之处。他成长在米卢兹的一个新教家庭，父辈从事棉花买卖，他也很早便做上了生意；后来决心自力更生，动身去了美国，美国那时是棉花生产大国。在1861年，南北战争开始不久，朱尔马上明白全世界将需要另一个棉花供应来源，从这点来说非印度莫属。他毫不迟疑带着兄弟到孟买，在那里开了一家贸易行，四年内攒了一大笔财产。但是他在热带国家没有待多久。一听说美国南部联军投降，便处理了他的业务，回到了法国。

他找到一个港口继续从事他的国际贸易，定居在勒阿弗尔。他立即积极融入当地生活，进了市议会，还当选为市长。

安德烈在1875年4月出生时，家庭里政治讨论与交易谈话声不绝于耳。他的父母在俯视塞纳河港湾的一座小山上，盖了一幢富丽堂皇的别墅，全用砖石砌成，称为“博斯普鲁斯”，灵感来自当地诗人说到勒阿弗尔的一句诗：“除了君士坦丁堡，再也没有这样的美景。”当有巴黎和其他地方来的贵客时，都留宿在这幢别墅内。

孩子把一切都看在眼里，记在心里。这些记忆留了下来，其中有一个他牢记不忘的是关于甘必大的故事。甘必大是“拿破仑之后最得民心的法国人”，安德烈本人对于见过他感到莫大的自豪。

即使他们的初次相遇仅是一则逸闻而已。那是在1881年10月，未来的院士仅六岁半。甘必大那时是众议院议长，他到勒阿弗尔来过上一宿，市长向他建议留宿在自己家中。甘必大要在晚上十时左右才能到“博斯普鲁斯”。儿子得到父母的特许，留下来看他一眼。他们之间唯一的交流，就是客人亲热地拧小孩的耳朵，对他说：“啊！啊！你这个小鬼！”

但是这次款待最有趣的是——据作者所说——两个大人之间的文化冲突。当市长带着客人从车站来时，对他说：“议长先生，您累了，您明天的日程排得满满的，还是上楼休息吧。我叫人给您送一杯茶来。”甘必大听了这个奇怪的建议显得很吃惊。“上楼休息？送一杯茶来？亲爱的朋友，您不要这样想！我上楼去宽松一下，再下楼跟您聊聊。”他确实又下楼来了。“他脱去了外套，穿一件法兰绒背心，外罩一件绒布室内上衣，头上裹一块马德拉斯红头巾……勒阿弗尔市长是个循规蹈矩的布尔乔亚，看了目瞪口呆。”客人拉了他在办公室里喝格罗格酒，抽香烟，直至凌晨两点。

在这些非凡人物身边度过不寻常的时光，这个孩子自然而然有了投身政界的想法。他学业一结束，就开始周游世界；然后，他转而参加1902年立法会议选举，由当时的议长皮埃尔·瓦尔德克－卢梭主导。瓦尔德克－卢梭派他“空降”到法国南方，与一位富有生气的人物竞争，那人在那个年代名声响亮：博尼·德·卡斯泰拉纳伯爵。这位花花公子、业余作家，娶了一位美国有钱的女继承人安娜·古尔特，这使他在选区内出手阔绰——况且卡斯泰拉纳的选区又正处于阿尔卑斯山脚下，乡间选区对于西格弗里德显得益加困难。这场竞选糟糕透顶，当地报纸偏向伯爵，不遗余力地在竞选对手的姓氏上做文章（西格弗里德是一个日耳曼传统姓氏）；有一首儿歌在选举当天印成散发：“西格弗里德是德雷福斯派，迟迟入了法国籍，爱的却是德国人、犹太人和新教徒，对我们的士兵恨之入骨……”博尼·德·卡斯泰拉纳再次当选，但是由于他的党徒在选举中明显作弊，选举结果作废。第二年重新选举，青年竞选人得票率有所提高，但不足以改变结果。那位花花公子在他的回忆录中对这件事有他的说法：“尽管那个参议员儿子西格弗里德作出努力，当选的仍然是我……我曾经骂他的父亲是老顽固，这使他对我耿耿于怀。”

安德烈放弃这个选区，决定移师勒阿弗尔市。可是两次皆落选：一次是 1906 年立法议会选举，一次是 1910 年立法议会选举。这时他决定改弦易辙，转向另一门职业：教书。他的父亲是个行动家，对此是轻视的；他的母亲是牧师的女儿，对于教育是重视的。几年后，西格弗里德这样写道：“我不埋怨我的选民，他们让我有悠闲的时间，快乐自由享受阅读之乐。理解的愉悦对我来说不输于行动的陶醉。”

* * * * *

他后来比谁都善于传播这一种愉悦。说他是出类拔萃的教授，还不足以说尽他的长处。他的才华来自他的天赋。他在巴黎自由政治学堂开课，听课的人蜂拥而至，不得不求助于几种闻所未闻的解决方法。学校起初是在其他大教室里架设扩音器，但是这样做还不够。有人要求西格弗里德把同样的课接连讲两遍，但这也不是良策。那时候为了听他的课，大家干脆决定建造一座新的梯形教室。

法兰西公学院接着也要吸收他去，他接受了公学院的一个教席，但并不因此离开自由政治学堂。在那里他又获得了极大成功。这些工作好像还不足以排满他的日程，他在国内外不停举办公开讲座，还定期给报刊撰稿。

他这方面的才华无出其右，偶尔有人问起他有什么秘诀。他诚诚恳恳回答，分析他曾经听过的大演说家的作为。他们都是些教授、宣传员、法律界或政界的风云人物，他们要打动人，他们要让人信服，他们要把知识传播出去。

说到他自己，也乐意把“私人秘笈”与人分享。他通过例子强调不要贪图方便照本宣读。当然，照本宣读可以给主讲人带来一种安全感，但是要让听众注意听你的讲话，则必须做相反的事，他们要的恰恰是他的不安全感；他们要觉得演讲者处于险地，“像个关在笼子里的斗兽士”，这样会使他们一开始就集中精神。

他说集中精神，这必须努力让听众保持下去；演讲者必须“感觉到他的听众，犹如骑士感觉到夹在他膝盖下的马”，为了每时每刻弄清楚是他控制着全场，还是全场正在失去他的控制。他说：“有一个信号是不会骗人的，那就是大家听着你讲话，所有的目光都转向你这边。如果注意力集中，大家身子往前躬，听得更清楚。相反，当听众心不在焉，尤其是年轻人，就会东张西望，你就会看到一头长毛乱发。如果接着演讲又引起人们的兴趣，这时候所有的脑袋又会一字排列，仿佛将头发重新梳理过一样。”

他还说，必须考虑到国家与国家之间的不同。以法国与英国为例，“我国的听众缺乏耐心，稍有犹豫，稍有一个较长时间的停顿，就马上与邻座闲谈，好像害怕出现空白。你若要吸引住你的听众，就不要松手，自始至终紧锣密鼓，不让他们分心出神，也就是思想开小差。在英国情况就完全相反；大家可以犹豫、停顿，从容考虑他刚才要说没说的那句话该怎么说。听众耐心等待，几乎怀着同情心理，好像在想：这才是认真的人，字斟句酌后再说出来。略带口吃反被他们认为是一种雅致。英国人害怕伶牙俐齿，不信任像魔术师那样口若悬河的人，担心他们会把你的钱包轻易偷去。”

还有其他的信条，其中一条他经常提到：对群众必须表示尊重。他说，我若对我的听众谈到复杂的事，同时又错认为他们会懂，这样他们就不会原谅我；我若对他们说话时把他们当作婴儿、无知和头脑简单的人，他们也不会原谅我。

西格弗里德的学生对他们与老师一起度过的时光都保持美妙的回忆，他们从不感到厌烦，学到许多东西而又没感觉花了一点力气。更为重要的无疑是老师传输给他们一种态度和人生准则：敢于发现，敢于创新，敢于出奇制胜；信任自己的直觉、“情感好奇”；不要束缚在一些狭窄的专业里，精神上时时保持开阔的视野；若对一个地方感兴趣，尽可能到当地去，就近观察事实，不知疲倦地倾听当地人说的是什么。

这种接近现实、建立在侧耳细听基础上的方法，他自己终身信守不渝，也是靠了它才开始成名。青年时代在立法议会中屡遭失败以后，他想到使用科学手段长期测算选民的行为。他的《第三共和国时期法国西部的政治版图》这部著作出版于第一次世界大战前夕，后来被认为是一门新学科——选举社会学——的开山之作。这门学科后来在全世界红极一时，尤其是在民意测验普遍应用之后。

这部书主要包含一个概念，由于它新颖、与众不同，而表面上又荒诞不经，不可能不引起人们注意。他在分析旺代选民行为时，观察到那个省的北部是花岗岩土质，更多选的是右派；南部是石灰岩土质，更多选的是左派。

这种地质与意识形态之间富有诗意的关联是真是假，并不重要，最有趣的不是社会学本身，而是西格弗里德的假设启发了更多的研究。这场游戏一开始，便让他赢得大胆思想者的名声，能够轻轻松松摆脱桎梏。这个名声他保持终生。其他人都只愿意走在安全的道路上，他们给自己划出一个范围，更可说一块领地，在这块领地上确立无可争议的权威，小心翼翼不要踩到其他人的花坛上。西格弗里德才不这样瞻前顾后，胆小怕事。

他不追求充当研究一个国家、一门学科和一个专题的专家。他的第一篇论文是《新西兰的民主》，后来又就美国、加拿大、英国发表多篇著作，当然对法国是不用说了。他同样保存了一些到墨西哥、巴西、哥伦比亚、印度、南非以及地中海地区的考察、分析和见闻。他的作品多达八十多种，涉及新教教义、天主教教义、犹太教教义和十字军东征、工业社会、民间工艺、马基雅维利、拉封丹，既谈法国政治机构，也谈主要流行病，甚至还包括一部《五大洲的诗意地理学》和一部《巴黎幽默地理》。

* * * * *

他的著作、报刊文章，尤其是无出其右的教学才能，使他早年便闻名遐迩；出版的书籍也相当畅销。虽则没有机会在官场做出什么来符合父亲的期望以及自己青年时代的理想，他还是在当权者与舆论界面前具有不可否认的道德权威。

1944 年，巴黎光复后第十一天的一次相遇可以作为见证。安德烈 · 西格弗里德，碍于公务不便对外张扬，但是在私人笔记中写下了这些细节。

“昨天晚上，9 月 4 日，一位穿蓝制服的青年女子，一身戎装非常精神和雅致，给我带来一封戴高乐将军的召集通知，命我第二天上午十时三十分到圣多明我会路的战争部出席接见会。我准时到达……有人把我引进一间大客厅，光线明亮，正对花园。戴高乐将军站在一张部长大办公桌后面，伸出手向我走来。我特别好奇，想知道他会给我留下什么印象。以前我只看到过他的几张肖像画，因为在德国占领时期，这类肖像画都是禁止张贴的。我只是在电台上听到过他的声音，我觉得夸张得像是在朗诵。我想会看到一位说话粗鲁的军官，不亲和，肯定威严十足，但是缺乏魅力。当我径直站到他面前，我的印象一下子完全改变了。这个人非常高大，主要是外貌显得年轻——最多四十岁左右——体态十分自在，见过世面，总之，虽然穿军服但不像个军人，更可说是外交家类型。鹅蛋脸，少肉，头发棕色略带灰白，眼睛虽不算炯炯有神，但是目光清澈直视，面色有点发青，总是带着可爱迷人的笑容。我们知道他会不顾情面，令人难堪，但我没有看到他这一面，因为他的接待礼数周全，态度朴实，立即令人不感到拘束。我刚坐下，他就问：'是啊，现在形势怎么样啦？'"

戴高乐对他的客人提出各种各样问题，请他分析当前国内外形势，关于要建立的制度，关于人们对他个人的期望——"希望您在尊重民主的基础上树立国家的权威。"他的对话者对他说。关于面对共产党人要采取的立场，西格弗里德回答说大家都钦佩他们的牺牲精神，以及他们在争取解放的斗争中所做的一切，但是如果他们竭力要把成果攫为己有，大家是不会原谅他们的。"他们曾经尝试这样做，"戴高乐说，"但是他们没有足够的时间，这就是为什么我执意要赶快回来。您相信他们还会夺取政权吗？""在街上筑街垒闹是可能的，但是不会在选举和全国议会方面闹。"我还说最好还是吸收他们，而不是反对他们参加政府。"这正是我在做的事。"他对我说。

谈话结束前，戴高乐委托给他的对话者一项任务。他说："如果可以让盎格鲁－撒克逊人了解法国人的精神状态，这是很好的。我希望您来做这件事。美国人，首先就是罗斯福总统，不了解法国，对它感到忧虑。他们认为法国不是共产党就是法西斯。他们不理会您分析的精神状态。如果美国和英国深信法国是真诚的民主共和国家，法国的国际地位就会大幅度提升。"

* * * * *

在那些日子里，戴高乐接见的名人中还有乔治·杜哈曼，法兰西学院代理常务秘书。杜哈曼希望见到戴高乐跟他谈谈这个机构的未来，学院那时正经历着史上最严重的危机之一。这个危机至少部分是由学院数十年前的做法引起的后果：那个时代，那种做法好像理所当然，但是最后则显示是场灾难。

第一次世界大战结束后不久，学院认为院内最好吸收一些胜利的功臣。克列孟梭理所当然入选了，还有几乎全体元帅。那些院士原以为这些大人物也很乐意充当法国精神的象征性人物，谁都没有想到其中有一人在后来扮演了使国家遭受严重分裂的角色。这可是第二次世界大战期间发生的事；法国遭遇到如同1870年那样的溃败之后，全国消沉颓唐。凡尔登战役的英雄人物贝当元帅，在1929年入选法兰西学院，坐上了福煦元帅留下的那把椅子；他在八十五岁那年选择放弃退休，自封为国家领袖。他所执行的与占领者合作的政策是法国历史上争议最大的政策之一。对一部分人来说，老人牺牲自己贡献给国家——据他的说法——是减轻百姓的痛苦；对另一部分人来说，他向纳粹献媚不是别的，就是叛国，尤其他以专制与保守的“民族革命”的名义急于摧毁共和政体。

对于学院尤其危险的是，那时的常务秘书是作家安德烈·贝莱索尔，他同意了元帅的说法。在1940年10月31日星期四那次会议上，他表态倾向于由学院出面对贝当表示“赞同与信任”。出席的院士中只有三人同意他的意见，这项建议遭到否决。在现场记录中，可以读到这几行简单明了的句子，是用老式字体细心书写的：“学院对于提出这种表态的时机，没有取得一致意见。词典的编写工作继续进行，到‘Ajusteur’为止。”这时候在欧洲以及全世界其他地方，都在进行大规模殊死战，孔蒂河滨道上这番小接触根本不值一提，但在精神上却是一个转折点。

两个月后，亨利·柏格森逝世。在一座处于激烈反犹政权下的城市里，一位犹太哲学家的死亡不可能得到应有的悼念；这件事本身对于自由派人士已是一件痛苦的事。他的同事、学生、听众、朋友只得在暗中进行无声的啜泣，因为一切不论是伤感或钦佩的表示都是被禁止的。

唯一公开表示义愤的是保尔·瓦莱里。1941 年 1 月 9 日的会议上，他对去世的同仁发表一篇反响巨大的悼词。“他是我们学院的骄傲……他的名字是欧洲学术史上一个最新的响亮名字。”这篇演说在法国国内外私下传阅，让人们感到自豪和希望。

一年后，贝莱索尔逝世。继任者是杜哈曼，这位小说家的某些作品也被占领当局列为禁书。法国解放时，他的前任若想求得戴高乐的接见恐怕很难实现，杜哈曼知道他若请求将会得到盛情的接待。的确如此，事情还超过了他的期待。

“你们打算拿贝当元帅怎么办？”自由法国领袖开门见山这样问他。

“我的将军，要是您，会拿他怎么办呢？”杜哈曼反问一句。

戴高乐对于对话者的大胆感到惊讶和有趣。但是他平心静气回答说，他想把他送到南方度过余生。勒克莱尔将军率领装甲师首先冲进巴黎，也曾问过他若在途中遇到贝当该怎么办，戴高乐回答说：“不妨把他赶到瑞士去。”元帅在法国解放时年已八十八，后来被关押在约岛的一座要塞里。至于学院，已把他从院士中除名，但是等到他逝世后才提继任者的选举问题。

杜哈曼要求戴高乐接见，最迫切的理由是考虑院士选举。有不少同仁在最近几年都纷纷去世，但在一个被占领的城市里进行选举来补他们的缺，这在精神上是没法接受的。现在，巴黎光复了，可以组织选举了，然而却不够规定人数！根据规则，一次选举必须至少有二十位院士出席才算有效；在如今这种情况下，十八位也算够数。但是往哪儿去找呢？有十二位已经过世，还有的在国外，有的逃跑不知去向，有的关在牢里或者来日无多——杜哈曼算来算去怎么也凑不满十八人。

当他在戴高乐面前提出这个问题时，让他感到惊奇和愉快的是戴高乐早已对此有过考虑。还不止于此：戴高乐将军从童年起就热爱文学，密切关注一切有关法兰西学院的事。他了解学院从创建以来的历史，关于占领时期学院内部的纷争细节显然也有人向他汇报。

于是他向客人轻声提出解决的办法：不要拘泥于法定人数问题，既然这是谁也无能为力的事情，就在最短时间内召集尽可能多的院士，选举才华出众、在占领时期又保持了气节的那些人。“要让学院有个好名声。”将军说。然后他提了几个名字。大家不知是谁，杜哈曼在他的笔记本里没有提。

这点是确定的，这次谈话后不久，常务秘书跟三个人有过接触，五周以后，在同一次会议中这三人都选上了，他们是路易·德·布罗伊，诺贝尔物理学奖得主；巴斯德·瓦勒里－拉多，医生、抵抗战士、路易·巴斯德的孙子；还有就是安德烈·西格弗里德。

* * * * *

安德烈·西格弗里德极具魅力，不但他的学生、听众拥护他，甚至通过他们使全社会都受感染，可惜对此大家只有一种模糊的概念，因为那时对他的讲座进行录音的还不多。可是阅读他的作品依然给人带来一种乐趣和学术上的兴奋，可以以此估计听到这些演说的人会有怎样的感受。与他在一起从不感到无聊，从不会分心，更不会觉得自己不懂事、受人操纵或被人欺骗。

作家遵行的准则是看到什么、感受什么，不管会引起不同人群的好与恶，都直截了当表述。比如他 1906 年访问蒙特利尔："有些外国人可以在那里待上整整几星期，在酒店、银行、商店、车站出出入入，一点也没有意识到城市里大多数是法国人。而英国人则假装没有注意到这点，他们生活得像没有邻居似的。几十万英国同胞把蒙特利尔看成是他们的属地。这既不是通过选举，也不是以人数众多赋予的权利，必须承认在这些人的心底，不管怎样，至今还存在那个还没有忘记的征服权的老观念。你们想一想印度的'文官'，就更明白这些加拿大的主人。"话虽然严厉，却说出时代的声音，尤其是出自一位对英国满怀友谊与尊重的学者之口。

西格弗里德从不怀有恶意。文笔从不艰涩；不论是调查文章或世事感想，我们可以肯定他描述的现实是他的观察所得；此外，还叙述得非常得体，谁都看得明白，而且被深深吸引。有一天他说，教师的任务是做“过滤器”，把浊水过滤成清水。他的语言的确清澈如水。

然而，当我们阅读他的作品，还是会发现其中某些词语与成语是反映他那个时代的思想，而不是我们这个时代的思想。特别是他谈到“race”这个词。这里有时是词汇问题。比如，我们刚才摘录的关于蒙特利尔的那部书，出版时书名为“*Le Canada, les deux races*”(《加拿大，两种居民》)，他以此来指当时的居民，有来自法国和英国的。当时意义很清楚，在1906年，“ race”这个词的含义，就相当于一个世纪后人们所称的“communauté”（社团）或者“population”（居民），不是今日所用“种族”这个意义。

有时候，这会越出词汇的范围。比如当他模仿同时代人吉卜林的说法，提到“白人”的命运；或者当他访问加利福尼亚时，担心出现“黄祸”，其实他只是在说组成这个社会的亚洲移民。他在这件事上的看法受到了时代的限制。他写得也像平常那样一清二楚：“在老百姓的心理上，有一点是永远不变的。我们在体貌方面很像我们的祖先高卢人；塔西佗描述他那个时代的野蛮人和犹太人的某些特征，还是可以分别在今天的德国人和以色列人身上辨认出来。”但在同一篇《民族的灵魂》论文中，他在几页后又增添了这几句话：“法兰西民族是不存在的，这种说法根本就毫无意义。在北方有日耳曼人，在中央高原、西部有凯尔特人，或者还可说是阿尔卑斯人，在南部有地中海人。我们像历史学家瑟诺博斯所说的，是混合民族……我们认可的国家不是建立在种族上的。种族的根源可以明确区别，但是跟英国或德国不同，没有一个种族凌驾于其他种族之上。所有法国人，不论他们的根是日耳曼或阿尔卑斯的，都认为自己是同其他人一样的法国人，不因他们血管流的血不同而有高低区别。（至于英国内部盎格鲁－撒克逊人与凯尔特人的关系我可以这样说吗？）”

这篇论文发表于他的晚年，突出以及令人惊讶之处不是他对民族的看法，总的来说还是符合他的时代精神的，而是他对所经历的两个世纪的比较，就像斯蒂芬·茨威格在《昨日的世界》里所写的，他明显偏爱的是上一个世纪：“19 世纪被认为是民族主义与帝国主义的时代，但事实上它是国际主义和自由主义的时代……它几乎实现了全球经济一体化……现在世界倾向于分裂成几个巨大的政治经济体，各立门户，军事经济上都重兵把守，实际上是极权主义或者跃跃欲试成为极权主义的实体。货物与人不再可以自由流动……我们的父辈——像我们在青春年代——怀着不可动摇的信念，相信时代会进步，想到未来会充满憧憬，以为那就是我们的应允之地。我们有时禁不住要问这会不会已是过去的事了。”

茨威格在流亡期间，得出了一个相似的结论，这促使他不愿再活下去。西格弗里德的态度则相反。尽管对未来不再存有幻想，尽管受癌症折磨日益消瘦，他还是继续上课，直至八十二岁生日的前夕。

两年后，1959 年 3 月 28 日，他在巴黎的寓所里与世长辞。或许他实在应该死于梯形教室里，犹如莫里哀正在演出时倒在舞台上。

# 第十七任

## 剧作家亨利·德·蒙泰朗

## （Henry de Montherlant，1895—1972）：

## 迷恋太阳周期的不朽者

1972年9月21日秋分那天，亨利·德·蒙泰朗在伏尔泰河滨道的寓所里吞下了一小瓶氰化物，然后担心药物变质失效，又对着咽喉开了一枪；他留下一张条子给发现他的人，要求他们在把他埋葬之前肯定人已死去，并请把他的骨灰撒在罗马的古广场上。

对于这把椅子的第十七位座上客的自杀，熟识他的人并不感到多大的惊讶。他不断地诉说和书写，哪天他的生活变成痛苦而不是快乐的源泉时，他就会离开尘世。最后几年，他感觉健康迅速恶化，先是失去一只眼睛，另一只视力也日益衰退。他一直以古代竞技者的方式锻炼的身体，现在却变得笨重臃肿。这些小苦恼困扰他，随着年龄愈发难受。他害怕失去自理能力，动弹不得，万事有求于人。他从来都是自豪地我行我素，为什么要让自己在屈辱中度过人生呢？当然，不能要求什么都是玫瑰色的。他有过灾难重重的时刻，担心会失去一切。但是事情得到转圜，他成名成家，得到大众欢呼鼓掌，获得的荣誉超出预期。而今风光不再，岂不是向世界谢幕的良好时机？

蒙泰朗青少年时代是在一个富裕的家庭内度过的，有宗教信仰但不过分虔诚，对家世非常自豪——“小贵族，”他说，“但血统纯正。”他成长在巴黎，尔后又是在塞纳河畔讷伊的大宅邸里生活。他是独生子，与一大群成年人为伍：父母、外祖父母、一个叔叔和一个叔祖（他们后来成为他小说《独身者》中的人物）、女管家、仆人……女人照顾他，男人主要照顾他们自己。总的说来，这个小世界相处和睦。亨利爱读书，八岁时已经写了几部小书。他一直知道他的人生将由文学塑造。

特别是有一部小说对他起了永不磨灭的影响：波兰作家亨利克·显克微支的《你往何处去？》。它叙述了尼禄皇帝时期早年基督徒受迫害的故事。亨利父母把这部书给儿子看，无疑是希望鼓动他的宗教信仰；但是他受到的是另一种启发。自打开书本引起他的遐想，直至晚年都让他沉迷不变的人物是佩特罗尼乌斯，据说是《讽世录》的作者。他在那个时代是皇宫里的礼仪官。塔西佗在《编年史》里说他白天睡觉，晚上工作与玩乐。“其他人以工作闻名，他则以懒散著称。他的行动与语言显得自由散漫，使他看起来单纯，又不乏少见的雅致。”历史学家还说，当佩特罗尼乌斯听说自己失宠，便决心自割血管，“受不了在担心与希望之间萎靡不振地过日子”。

当蒙泰朗在晚年提到这部书对自己的影响时，借用了一个生动的比喻。“八岁时，我就像一块感光片浸润在《你往何处去？》的显影液里。”在六十岁时，他又把从小说中抄在笔记本里的这句话念了又念：“知道怎么生的人，应该知道怎么死。”

20 世纪最初那些年，显克微支的小说在法国获得成功是有其原因的，那时公共权力机关坚决反对神权，要把政权与教会分离，对待宗教组织非常严厉，使得天主教徒感觉受到当局的迫害。

蒙泰朗就是在这样紧张的氛围中入学的。他后来说他的父母对共和政权那么敌视：第一次世界大战初期，他听到他们说法国挨打也不是一件坏事，它给天主教徒吃了那么多苦头，“吃败仗也是罪有应得”。后来在凡尔登战役时，他们才开始表露出爱国主义的感情。

然而，要为亨利选择学校时，首先讲究的还是教学质量，胜过对教义的考虑。他们住在巴黎期间，儿子进了一所优秀的公立学校。当他们迁往讷伊时，他的母亲给他选择了一所由拥护共和的著名教士管理的学校。蒙泰朗后来说他们是左派，偶尔还极左。事实也是如此，他们当时推行的“犁沟运动”（le Sillon）*，受到教皇的谴责，被定性为“社会现代主义”。实际上，他们的罪孽是比其他人超前，过早地主张基督徒与共和国要和解，而不要冲突。

但是这几年留在这个学生脑海中的事，跟这些争论无关。这是他私生活中的一件事，给他留下难以磨灭的痕迹：十七岁时，他被圣十字中学除名，由于他与一位同学感情过于密切。这件事出

* 20 世纪初，由马克·桑尼耶发起并领导的犁沟运动，目的在于对法国天主教加以世俗化，后遭到教皇庇护十世的干涉而被迫中断。“犁沟”之名正是源自同名期刊。

现在他的笔下，在他出版于1920年的早期作品《接早班》，以及好几部小说特别是《男孩》，后来又在他的一部重要剧本《少年王子的城市》里屡次提到。

随着年岁的增长，他有意把少年时代的热情予以美化，加以颂扬，看成他一生中唯一的真爱。别的作家提到这类事，可能会毫不迟疑把事情摊在公众面前，而他则慢条斯理才说出来。比如说一个吻在20年代的那一页已经有所暗示，直到60年代的那一页才承认。在这两个时刻之间，有其他奇遇，有其他男孩，有其他女孩，有离离合合的婚约……

对于某些读者来说，蒙泰朗谈到私密关系时过于羞涩，对另一些读者来说是回避。围绕他感情生活的风风雨雨，像影子一样终生追逐着他，晚年绘声绘色，死后更加沸沸扬扬。

这倒不在于想知道他爱的是男人还是女人。这件事本身不足以构成丑闻。今天当然不是，即使在两次大战之间也不是。让·科克托和安德烈·纪德笔下的法国，跟奥斯卡·王尔德笔下的英国不可同日而语。关于蒙泰朗某些作品引起的问题，在他的崇拜者眼里成为一大堆糗事，主要在于他惹上这些艳事的年纪，以及由此招来的种种不幸。比如说，他失去一只眼睛，是因为一次强烈的日晒，使他此后经常晕眩和跌倒，还是因为一次黑夜散步在暗街里给人狠狠揍了一顿？

对于一位名人提出这类问题也是正常的。只是问题在于，这些争议使得作家的形象长时期模糊不清，以致人们忘了他的俊才，损害到对他作品的欣赏。

蒙泰朗从青年时代起就以佩特罗尼乌斯为楷模，塔西佗在对后者的描述中说：“他不像大多数登徒子，沉湎于声色犬马，但是他是个懂得享受的膏粱子弟。”

我们会不会有朝一日对《男孩》的作者说出与《讽世录》的作者同样的评语呢?

* * * * *

蒙泰朗早年对古代社会的热情，也促使他对斗牛怀有长期的爱好。

他的祖母带着他到卢尔德朝圣，归途中在巴约讷做短暂停留，这时候他发现了斗牛。这是在1909年，他十四岁。父母让他单独前去西班牙，绝没有想到这个少年对斗牛的兴趣并不仅仅出于美学或文学原因，而是他自己就想做斗牛士。他斗得很起劲，也有天赋。直到晚年，他还自豪地说起登载在布尔戈斯一张日报上的文章，说那个法国斗牛少年那么勇敢和有前途。只是后来有一天被公牛戳到了肺部周围神经，这位作家才放弃了斗牛场。他三十岁，正要把一部完全谈斗牛的小说《斗兽士》杀青。

这个故事讲一位青年，名叫阿尔邦·德·布里古尔，青年女子索尔达答应爱他，如果他敢于去挑战一头极端凶残的公牛。阿尔邦自忖有勇气这样去做，但是当他胜利归来，便对索尔达不理不睬，不能原谅她竟然任性地把他置于危险的境地。主角显然是作者的另一个“我”：同样在少年时代阅读《你往何处去？》，之后就自比为罗马人，每次听到“角斗场”这个词，全身“像触电似的”。

蒙泰朗说起斗牛，语气是坐在看台上的观众所难以体会的。“这些教学书在说些什么！应该挺直身子斗！应该弯下身子斗，靠近牛，靠近它，近到身前把自己的意图传输给它，用眼睛逼视它，让它就近看到你可怕的面具，双眉紧锁，牙床骨突出，叫它害怕；近身搏斗，那时才有一决雌雄的渴望。”

除了文笔雄浑有力、情节引人入胜，这部小说还偶尔通过隐喻和引经据典的长谈，竭力说明斗牛是一种古代祭仪的遗存。“阿尔邦忠贞不渝的公牛崇拜的宗教，源远流长，慢慢随着年代而消失。”小说提到《吠陀经》、克里特的牛戏、弥诺陶洛斯，还有众神之王朱庇特变成公牛去诱惑欧罗巴女神。在最初几个世纪，罗马帝国的古波斯密特拉神祇也曾拥有“屠牛者”“兽群之雄”“太阳之友”等别称。蒙泰朗解释说：“基督教与密特拉教斗个你死我活，就因为它们的教义相同。勒南不是写过‘如果基督教被某种致命的疾病制止发展，这个世界就是密特拉教的’吗？密特拉教士指责基督教假借它们的故事，尤其剽窃‘用牛血行洁瞻礼’，改用‘羊血行洁瞻礼’。”作家谈到阿尔邦准备舍弃索尔达时的念头，明确地说：“另有一种想法支持他：密特拉从来不曾与女人有过关系。女人是被排斥在神秘之外的。”

《斗兽士》同样提到阿尔邦——也就是亨利——的一个“发现”，大多数人只是觉得有趣，但是对他后来却产生持久的悲剧效果。他是在4月20到21日的夜晚来到这个世界上的。21日是罗马建城日，全意大利都有庆祝。“令人陶醉的巧合”，亨利这样评论；然后又有另一个巧合更使他震惊，4月20到21日的夜晚，也是太阳进入金牛宫的时间，“这说明为什么迦勒底人与波斯人都把这天作为创世记的开始”。蒙泰朗认为这是说明灵魂归宿预定论的明证，从此皆以这类征兆作为生活的指导。这样直到他最后一天——他选择秋分那天自杀也不是偶然的。这种结束于秋分、崇拜夏至的观念，以及各种有关“太阳”的说法，经常出现在他的作品中，也出现在他的生活中，有时引导他走入悲惨的迷途。

但是《斗兽士》出版时，他的生活一片光明。作家才三十岁，一切方面都心满意足。批评家与读者都热烈欢迎他，尤其是斗牛迷。我们知道欧内斯特·海明威在巴黎一家书店发现这部书，废寝忘食地阅读；据某些熟悉他作品的行家说，海明威受到了他的影响。

对于早年在文学上的成功，蒙泰朗好像既满足又厌烦。他要成为得到公认的作家，这个梦想正在逐步实现，但是他同样也有意追逐另一个梦想，不那么光明磊落，但在他眼里是不可或缺的：过纸醉金迷的生活。他不愿频频出现在巴黎沙龙里，而决定在人间蒸发。他把祖屋出售，到地中海南岸去过日子，写得很少，玩得很多，随心所欲追寻逸乐，毫不节制。

过了三四年放浪形骸、落拓不羁的生活，他感到极度的厌倦，决心把自己的生活拨向另一个方向。当然还是通过文学。他在阿尔及尔租了一间公寓，埋头写一部小说：《沙地玫瑰》。书中反殖民主义甚至可以说反法的语调非常激烈，以至于最后他决定不予发表，宁可让它躺在抽屉里，直待几十年后才公布了出来。他解释说，当他在30年代完稿时，墨索里尼与希特勒正放肆攻击法国和它的殖民帝国，他不愿意为他们张目。莱维－米尔普瓦公爵在法兰西学院接待他这位同仁时，谈到“您所爱的伊斯兰”，影射的也就是这部书。

之后他回到法国，疯狂写作，仿佛要弥补过去几年的相对懒散。1934年，他发表了《独身者》；然后在1936年开始创作四卷本的主题小说《少女》，这使他名声大噪，虽则也使他背上歧视女性的罪名。

在那几年，人们心里皆有新的大战即将来临的阴影。事情虽还没有到这个地步，但是每天都在接近。1938年，蒙泰朗发表一篇散文《九月秋分》，书中他用下列词句提到纳粹的兴起：“卐字是四辐条轮子与圆盘的衍生物，在古代表示太阳。最后的异教徒军队在4世纪就是举着这个旗号，反对举着基督十字旗的君士坦丁军队；这些同样的旗号在今日的德国对峙不下。”

对现代大事件进行这种“罗马化”的解释是有风险的，因为这让作家看起来谈的完全是涉及象征物的操作，同时是在向某一种意识形态献媚，其实这种意识形态绝对不是他所有的。在另一篇文章里，这样的倾向表现得更加明白：《六月夏至》发表于1941年，就在法国战败，举着卐字旗的大军入侵其土地后不久。“太阳轮的胜利不仅仅是太阳的胜利，它是太阳原则的胜利。”他写道。又接着说：“我看到这一天我满怀的太阳原则凯旋前进。”

蒙泰朗误入歧途到这个地步，只会愈走愈远，在文章的最后几页竟对同胞说出这一连串劝告：“首先不要痛哭……不要埋怨。不要有任何幼稚、卑劣、微不足道的反抗，凭此幻想或假装自己是爱国者，这必须是在对抗之前或进行中的时候给敌人制造麻烦，在之后这样做是不必要的。不要使用暴力……让我们当一次输得起的赌徒。不要拉长着脸走入未来。要随机应变，对不久前发生的事逆来顺受。而且是双重的接受：作为既定事实接受；也作为一件正确的事接受，我们被人家全面打败了，完全理所当然。接受，然后同意……”

这些话发表在被敌军占领的法兰西，不可能不引起人们注意。从此以后，每次抵抗者在地下报刊或者传单上号召惩罚叛徒或“合作者”时，亨利·德·蒙泰朗都占据名单的显著位置。怎么可能不如此呢？他的话说得那么明明白白！

熟悉他的人知道这里面有误会。这些话里好像说了什么，其实他完全不是这样的。他后来从没给合作者报刊写文章，从没去过纳粹德国，从没有反犹倾向。这些姿态和信仰与他是格格不入的。他也不是那种不计一切代价要维护和平的人。他对勇武自有一定的伦理道德，这会让他投入战斗，即便毫无希望，也胜过在耻辱中苟延残喘。当法国和英国在1938年9月底签订《慕尼黑协定》、幻想以此笼络希特勒时，蒙泰朗怒火中烧，人们竟然会跪倒在这个“点燃炸药引信的朱庇特”面前。当不可避免的冲突终于发生时，他不在动员之列，却自愿当战地记者上前线去。他参加过第一次世界大战，身上有七处弹片伤疤，这次去了又在腹股沟部位受了重伤。很少人可以像他晚年那样自豪，在自己身上带着两次世界大战的伤疤和一个牛角的印子。

不管怎样，他还是鼓吹忍耐与服从，这是因为同胞在1940年的态度使他怒不可遏。他的《六月夏至》虽然颇有文采，但是写得拙劣，不合时宜，到处是暧昧不明的思想，可以说是他一种悲愤的表态。蒙泰朗要对同胞说的是：你们没有战斗的欲望，你们就不配赢得胜利，在这种情况下就投降吧！这是拳击教练在看到一回合的臭拳后，为了激起斗志，可以对他的拳击新手这样说话！但这肯定不是一位有声望的作家在一个被征服的国家——这个国家被占领、被侮辱、被伤害，怀着亡国之痛，对于接着要采取什么态度还存在严重分裂——应该公开发表的话。在这种形势下说的每句话都会让发言者处于分界线的这一边或另一边。

蒙泰朗很快明白他应该闭嘴，但是为时已晚，祸已经闯下，白纸黑字再也无法抹去。因而法国光复时，他听天由命。他确实经历过恐惧的时刻。1945年有一天，他被叫到金银匠河滨道上的警察局。另一名大作家已经在那里，他是深深卷入与德国积极合作事件的马塞尔·茹昂多。后者在日记中写道：“有人客客气气让我们并排坐下，面对着一排妓女，她们是前一天在巴黎街头抓来的，值班警察还时不时挠挠她们的下巴。”蒙泰朗则是这样说：“当我走进警探的办公室，茹昂多站起身，过来看我。他的神气像个教士。显然，他是在另一个世界。显然，他像我一样也是无辜的。

我要说的是从大处说来是无辜的……我们坐上一辆警车，被带到布瓦西·当格拉路，在那里等了好久。我要茹昂多相信我们的事情会很麻烦，他说现在他也相信如此。他之前以为他的事情半小时内就可以解决。他说就是要有人掉脑袋，其他人都死的死，溜走的溜走，现在抓到谁就是谁；我们正好撞上最倒霉的时刻……最后，正当我们在做最悲观的预测时，一位警长过来跟我们说：‘先生们，你们可以走了。以后会对你们进行预审，你们做好接受司法审讯的准备。’”

蒙泰朗后来又被传讯到不同法庭，不过没有给他加上任何罪名。这件不幸的插曲在他心灵上留下了痕迹，他变得比以往更加消沉、阴暗、孤独，但是不管怎样还是逃过了一劫。

* * * * *

《六月夏至》是一场无妄之灾，后来却不可思议地产生可喜的结果。事实上，文章发表后不久，他开始明白自己缺乏判断力，这时他接到法兰西喜剧院总经理的一份邀请，这对他是天赐之福。对方问他是否有意写一部取材自 14 世纪西班牙历史题材的剧本，他当下接受。这就是《死去的王后》。蒙泰朗也立即喜欢上了戏剧创作。从此以后，他把主要时间用于戏剧，放下在战前让他成功的小说和使他迷失的散文写作。他后来说写剧本实在容易得令他吃惊。他有一天对一个崇拜者说：“小说，就像拖着法老时代的一把犁艰苦地耕地。人要挥大汗，累死累活干两年。写部剧本则相反，没事似的写上三个礼拜。就像用一杯水浇沙漠，轻轻松松长出一棵猴面包树。”

剧本写了一部又一部，有几部在作者生前就上演了数百场:《没人的孩子》《马拉特斯达》《圣地亚哥的主人》《皇家码头修道院》《西班牙红衣主教》，等等。他剧作家的名声如此响亮，把他以前的其他作品都掩盖了。好几代人都是从戏剧方面知道他的。有几部悲剧取材自欧洲历史上的人物与事件，其他是他本人生平中的逸事，他甚至还企图在《明天天会亮》一剧中说到二次大战与德国占领时期，但是失败了。这个题材，观众早已没有听的兴致。

他在戏剧上的成功使法兰西学院千方百计要吸收他进去，为了让他当院士甚至可以迁就他的任性。院士们承认他才气横溢，执意要接纳他，但是也如弗朗索瓦·莫里亚克那样，看到他“摆谱”感到很生气。几世纪以来，没有进入法兰西学院的大作家多的是，拒绝的原因在当时好像振振有辞，回过头来看则显得幼稚可笑。他们不愿意有一天为了错失蒙泰朗这样的作家而后悔不已。

有人来跟他接触，说到安德烈·西格弗里德去世后留下的空缺，答应他选举几乎可以轻易获得一致通过，不需要他去进行礼节性拜访。后来有人向他提起这件事，他反驳说选举之后他就去了“三十五家上门致谢”。这当然不是真的，但是这样说显得很漂亮。

新院士花费不少时间准备他的演说。他在 1960 年 3 月当选，只是到了 1963 年 6 月才得到接纳，而且还不是正正式式在“圆顶下”举行仪式。他强调他害怕人群和强光，要求在小圈子里发言，这样他也不用穿绿色院士礼服和戴佩剑。

他最初几句话有点死气沉沉，但是对于熟悉他的人也不算意外。“学院章程第十八条要求入选者在对前任赞美一番以后——容许我按照章程的话来说——‘谈一谈某个文学问题’。这使我觉得在念过悼词后，最适当的是谈一谈这个问题:《即将死亡的作家与作品即将死亡的作家》……”

他说最后他还是放弃了这个题目，只谈西格弗里德。他说这话时的语气令人捉摸不透，很自在但又不显怠慢；但又不是真心诚意地赞美，自始至终半开玩笑似的，仿佛给一群顽皮爱闹的孩子发送密码似的。譬如他说：“安德烈·西格弗里德是讲究具体的人。他对此就像在法国昂蒂布海湾里戏水一样。数据、日期、统计、图表、卡片，然后又是对同一题材、在不同日期做的其他统计、其他图表、其他卡片……啊！我们可不是在跟一个炼金术士打交道！”

参加那次演说的同仁注意到他对前任早年的一部书谈了好几分钟。那书是《新西兰的民主》，出版于 1904 年。这位继任者怎么评论的呢？他说：“我从来不曾听说过新西兰，我问身边的同胞，他们也不比我知道得更多。有一位跟我说这是今天的泰国，另一位说这是芬兰北部的一座半岛。”

蒙泰朗然后列举各种理由，说他为什么最终决定不谈作家的死亡，以及他们作品的死亡，然后又最后一次提及西格弗里德。

“让我们向他表示悼念与最后的敬意。我们刚刚说到他没怎么谈过死亡，最后他还是死了……他在这里赤裸裸的，犹如他以后出现在约沙法山谷时一样，我说这话因为他是基督徒。一切都结束了，什么好奇心，什么美妙的事物，什么重要性。先生，您在这里跟我比较近，我在这里继承您的位置，不久也将跟随着去您现在的地方。死后还是存在一种友谊，就像我青年时代心头挥之不去的白骨堆，所有的骸骨都是那么相像；用不了多久，谁也辨认不出谁是谁，这在我们生前是无法领会的。到了这个地步，我实在没有必要在这次演说中冒犯您。”

说实在的，可能是没有必要。

# 第十八任

## 人类学宗师克洛德·列维－斯特劳斯（Claude Lévi-Strauss，1908—2009）：热爱弱文化的不朽者

克洛德·列维－斯特劳斯跟他的前任相反，他对礼仪祭祀不会不耐烦和轻视。他用温情柔意的目光注视它们，使它们充满了美，他也兴致盎然照着做；甚至通过它们，解释年深日久的密码，努力理解人类社会。一切人类社会，没有例外，最贫弱与最辉煌的无不如此。

1974 年 6 月 27 日，在圆顶下举行他的入院仪式时，他演说开头用了十分钟时间，详细比较法兰西学院庆典与加拿大太平洋沿岸美洲印第安人的接纳祭仪。这一种既挑衅也好玩的方式，把他一生信奉的信条告诉了新同仁：人类学家的任务不是研究“野蛮”社会、“原始”社会或“异国”社会；他的任务说得简单些，就是研究人；其中当然有不同之处，但是从深层次来看主要还是一致的，这要超过一切不相似之处。因为在“他”中有我，在“我”中有他，重要的是我们应该有这样的意识，才会更好地了解我们自己。

你们这个可敬的部落仪式——他对着惊讶的同仁概括地说——绝不因为它与某一个不知何时起源、不知依据什么、对伪装很自豪的族群相似而失去价值；恰恰相反，正因为如此，这些仪式更多了一种存在的理由、一种高贵的气势。“先生们，我来到你们中间，就像我认识的印第安老人，决心要为培养出他们的文化提供证明直到最后一刻，即使这个文化已摇摇欲坠，也不管有人说这个文化已回天乏术。”

列维－斯特劳斯从少年时代便对弱文化产生了温情。他自己的父母在他出生前夕度过一段惶恐与惴惴不安的时期。父亲是一位肖像画家，那时出现一门新艺术——摄影，正让肖像画成为落伍的东西，让他叫苦连天。一家人甚至为此决定迁往布鲁塞尔，那里有些显贵还是像从前那样，请人画上一张肖像画以示身份。这也解释了未来的院士 1908 年 11 月 28 日出生在比利时而非法国的原因。

整个童年时期，他看着父亲苦苦挣扎，后者要维持的这门高贵艺术而今被一项革命化发明压得奄奄一息。这也使他很早领会到进步的观念是复杂的，很难予以界定。变化并不总是一种进步，进步本身也有其两面性，一面光彩夺目，一面黯然失色。正因如此，他二十六岁时去巴西，发现亚马逊居民绝望地奋斗，试图把他们的生活方式和传统习俗保持更长一段时间，这时他不是用昆虫学家的目光密切注视着一窝白蚁；他自然而然地觉得自己是他们的远房兄弟，对他们的焦虑感同身受。此外，1935 年他在圣保罗第一次公开讲座，题目就是《进步的危机》，这也不是没有意义的。

可惜这份讲稿已经散失。

这个主题当时已引起争议。在1929年金融崩溃以后，全世界都经历了史无前例的经济衰退，迫使千千万万人堕入贫困生活，引起重大的政治骚乱。主张暴力的意识形态正在迷惑群众，每个国家都受到胁逼，刚刚脱离杀人如麻的第一次世界大战的祸害，如今又要被拖入另一场世界大战。所谓进步的光明前途又变成什么了呢？有人不是让中产阶级相信他们再也不会缺衣少食？不是说那次大战是最后一次吗？不是相信科学与工业将解决人类的所有问题，从此一劳永逸地走上繁荣的道路么？

对于一个来自欧洲的青年人类学家来说，遇到了以“野蛮”与“原始”而著称的民众，这些问号都带来了一种特殊意义。列维－斯特劳斯具有强烈的道德意识和聪颖天禀，必然看到“文明”与“不文明”、“先进国家”与“落后民众”的分界线是模糊不清的。他深信不疑的，是不要混淆“物种进化的科学理论”与“文化进化的伪理论”。根据这个伪理论，人类社会经过不同的前进阶段，犹如一个人从童年长成青少年，然后到成年。“事实上，不存在童年民族；每个民族都是成年民族，虽然那些民族没有保存记录童年与青少年的日记。”他在《种族与历史》中这样强调说。

这篇论文是在1952年应联合国教科文组织的要求而写的，其意图相当宏大。第二次世界大战是由一个建立在种族主义基础上的政治运动挑动起来的。即使在战胜者这方面，白人至上的思想也根深蒂固，殖民主义与种族隔离仍然得到辩护；年轻的“联合国教科文组织”对待该组织章程第一句交代的任务非常认真，即“战争源起于人们的思想，因此必须在人们的思想中树立保卫和平的意识”。为了达到这个目的，教科文组织委托一小批博学、德高望重的人物写文章，作为推广这个新世界观的基本读物。

* * * * *

为了这项使命，他们想到了列维－斯特劳斯，这也不足为奇。从其一生的阅历、对问题的敏感性和知识的渊博来说，他是当然人选。

1939年，他在亚马逊进行四年研究后回到巴黎，立刻就被声名显赫的亨利四世中学聘为哲学教师。但是他没有能够上任。9月初，他已经应召入伍，驻扎在悲惨的马其诺防线一侧。最初几个月是“奇怪的战争”：当纳粹德国攻击东线时，法国军队不去西线从背后袭击他们，而是等待他们战事结束，回过头来打自己。法军立即兵败如山倒。列维－斯特劳斯士兵所属的军团往后撤，在公路上游荡了一段时间，然后进入蒙彼利埃一家兵营，慌慌张张，没有方向，无所事事。

这时候，发生一桩令人目瞪口呆的怪事，让这位人类学家到了暮年还是面带笑容向人叙说不已，但是这也说明他的一种精神状态，弄不好会带来严重后果。停战协定签字后，列维－斯特劳斯认为自己可以去亨利四世中学报到。国家此时分成两个区域，北方包括巴黎，由德国人直接占领；南方名义上是“自由区”，由贝当为首的“法国政府”管辖。为了重回中学，教师必须有国民教育部的特别许可证。他前往不久前被贝当元帅定为临时首都的维希，“教育部设在一座市镇小学内，中等教育处在一间教室里办公。那位负责人瞧着我不胜惊讶，他对我说：‘以您的姓氏来说，要上巴黎去？您想都别去想！’到了那个时刻，我才开始明白过来。”

对于这种“天真无知”，他供认不讳，让他自己也好笑，而且还可能把他送往死亡之地；他解释说这是因为他全神贯注在美洲印第安人的宇宙内，旧大陆的新闻几乎再也不上他的心。“我在亚马逊一位橡胶专家的茅屋里，看到落在地上的一张旧报纸，才知道签订了《慕尼黑协定》。”他还说出其他几条理由：给他搜集的人类学器物编号，这需要他全力以赴；跟他的第一任妻子离异；还有“没有政治头脑”。但是有一条理由他从来不提，对外界的观察家来说，这反而是最明显的理由：他的想法非常法国、非常共和、非常世俗，就是不要根据祖先的宗教来定义自己的身份，不要让这个因素影响对他的评论。他花了不少时间才接受下列事实：人不是完全可以自由确定自己的身份的，他人的目光也起了很大作用——有时还是悲剧性的作用。

幸好还有人保护列维－斯特劳斯，避免他这种高尚的盲目造成的后果。这位正直的维希官员，不论出于好意还是恶意，不让他去自取其辱，也可能使他免于一死。尤其有些朋友，在那个黑暗的年代各处奔走，把他纳入洛克菲勒基金会的一项计划中，该计划的目的是援助一部分受迫害威胁的欧洲学者，向他们提供到美国大学教书的机会。

这项计划真是天赐之物。不但保护他免遭不测，否则他留在法国，必然会得到这样的下场；此外还让他有机会接触这个时代最杰出的科学家，尤其是人类学家和语言学家，这使他在不到几年时间内充分发挥潜能。

除了列维－斯特劳斯这个特殊例子外，自从1933年纳粹在德国掌权以来，欧洲学者纷纷出走，前往大西洋的另一边，在全球造成持久影响。就在那几年，全球的知识与科学重心从欧洲转移到了美国。不用多少时间，这个国家的大学成为各行各业发明与创优的青睐之地，带来经济、政治、军事方面的重大成果。阿尔伯特·爱因斯坦，他离开柏林，永久定居在新泽西州普林斯顿，是最具象征性的例子；但是还有成千上万的其他人，分布在知识界的各个领域。

从三十二岁起，直到四十岁，处于这样令人振奋的环境中，对列维－斯特劳斯来说，是个做梦也想不到的机会。他从巴西回来后，几乎还没有发表过什么作品。如果哲学教师的生涯如他所期待与希望的那样展开，他的亚马逊之行也不过是他的历程中一桩偶遇而已。历史触动到了他最神秘的内心深层，让他有机会发挥最好的自己。

他在1948年从纽约回来，那时已完成了《亲属关系的基本结构》，这部书立刻给他确立了人类学家的美誉，也部分促成另一个知识大工程即结构主义的兴起，并把列维－斯特劳斯看成是创建者之一。他本人一直不愿意当一个思想学派的旗手；从他的观点来看，“结构”这词的概念是一种探索工具，不是一种学说基础。他善于与此保持距离，当结构主义之风一阵吹过以后，他个人的形象并不因此有丝毫受损。

* * * * *

1952 年，联合国教科文组织计划出版一套丛书，其主题是反驳种族主义偏见，列维－斯特劳斯显然是理想的作者。他本人受过种族主义的迫害，那时就因为有一个犹太姓氏，被迫出国流亡；他具备必需的科学造诣，谈论这些问题带有权威性。还有，他对这个问题的关注不只是纸上谈兵式的学术讨论。他经常在著作中这样说，人类学对他来说不仅仅是一门普通学问，还是“对一种德智状态的修炼过程；这种状态起源于几世纪以前，被我们称为人文主义”。他于是兴高采烈、一丝不苟投入交代给他的工作。

《种族与历史》一书引起的热情持久不散，这与其他出于同一目的的约稿不一样。它也引起了争议。主要的争议产生于他与未来的学院同仁之间。那是罗歇·凯卢瓦，当时的知识大家、小说家、散文家和社会学家，熟知拉丁美洲，在联合国教科文组织又是个部门负责人。大家因而以为，他应该赞同列维－斯特劳斯的想法。但是他显得非常气愤，因为他把这看成是对西方的嘲弄。他写了一篇长文《逆反的幻想》，刊登于《新法兰西杂志》，文中嘲笑那些人，“他们选择了人类学，因为心中有一种不可抗拒的挑衅心理，促使他们喜欢原始造型胜过夏尔特尔教堂的大门，喜欢爵士乐胜过莫扎特，宁可让他们不信仰的鬼神附身痉挛，也胜过对自己和祖先羞于信过的鬼神顶礼膜拜。”然后得出这样的结论：“他们对自己的文明极不公正，甚至忘了到目前为止唯有它创造了他们自身研究的物质与精神条件。唯有它才允许和创造了他们忘恩负义的文明。”

凯卢瓦要把嘲笑者拉到他一边，他确实成功了。列维－斯特劳斯被人指名道姓质疑，他在让－保罗·萨特的《现代》杂志里作出慷慨激昂的答复：“第欧根尼用走路证明行动，凯卢瓦先生躺着表示没有看见。他那个文明并不引起他良心的谴责，他希望这样不妨碍他怡然自得地观赏。”

这两位作家除了脾气大、能言善辩，他们论战的中心还存在一个历史与道德问题，至今无法作出结论，对此可以归结成这几句话：当前毫无疑问的是有一个文明，也就是西方文明，已经成为全人类的典范文明；这个文明的发展造成的结果是把所有其他文明边缘化，有时还让它们灭绝。接着要知道的问题是这些文明中的人失去了他们的身份和生活方式，是否在物质和精神上得到了补偿。相关辩论正在进行，也会通过各种形式长期辩论下去。目前主要还得搞清楚，昨日的殖民化或今日的全球化，总结之下应该认为大体是积极的还是灾难性的。

对凯卢瓦来说，西方对全人类的贡献是那么杰出，涉及领域又那么宽广，只有愤世嫉俗或自怨自艾的人才会不予以承认。而列维－斯特劳斯则认为，一种文明，即使这是他自己的文明，即使它如何光辉灿烂，若在前进的道路上毫无顾忌地任意践踏其他文明，这也是不可接受的。而今就在欧洲中心地带，不久前遭遇了一场野蛮的浩劫，是那些声嘶力竭鼓吹西方和白种民族至高无上的人也难以想象的，怎么还能继续“怡然自得地观赏”呢？“野蛮人，首先是相信野蛮的人”，他以前这样写过。他的对手对此回答说：“这样一句话只能引出这样的结论：希腊人与中国人是典型的野蛮人，因为他们把自己说成是文明人，而四周的民族是野蛮的，尽管他们也有过他们的美德和荣誉。”

这两人之间的辩论在法国知识分子眼前持续了几个月，大家都密切注视，因为那时正处于去殖民化的折磨中：不久前越南奠边府一役战败后，法国失去了印度支那；而在阿尔及利亚，独立派也开始造反。后来辩论中断，不是双方和解，也不是厌战，而是列维－斯特劳斯出版了一部书《忧郁的热带》，改变了他的形象与地位，使他一夜之间变得无懈可击。

可是这部著作使作者遭受《种族与历史》出版时同样的批评。

他在书中像历来一样热情澎湃，宣扬他对亚马逊流域部族的一片深情。“西方文明的发展，对于这一大片无辜的人则是无妄的灭顶之灾”，他说，“西方文明是我们正在享受的美好生活的创造者”，但并不是没有付出相应的代价。“首先你们在旅游中给我们看到的是把垃圾扔在人类的脸上。”他敦请旅游者不要去亚马逊流域。“请把你们油腻的纸、打不碎的香水瓶、开过的食品罐头扔在欧洲最后的旅游胜地。它们遭到彻底破坏的日子已经不远，至少在这以前，你们要尊重这些山水，让它挟着滔滔白浪，沿着玫瑰色玄武岩山腰的石级顺流而下。”

作者对西方文明的抨击铿锵有力，对于伊斯兰文明也毫不留情。

1950年联合国教科文组织派他出差到巴基斯坦，与伊斯兰文明有过接触。由于他不是说话打官腔的人，也不是日后被称为“政治正确”的人，他在书中的表述方式一如他平日作风，怎样想就怎样写。

他的做法与众不同之处，是经常把伊斯兰世界的缺陷与西方世界的缺陷对比来看。“面对尚处于我们管辖下的民族与文化，我们囿于同样的矛盾之中，犹如伊斯兰文明面对它的被保护人和外部世界。我们没有想到的是，有些原则足够保证我们自身的发展，却并不被其他文明看在眼里……比如伊斯兰文明在中东是宽容的倡导者，对于不皈依他们信仰的人却不轻易原谅，因为他们认为这个信仰要比其他信仰不知崇高优越多少倍。”

更令人惊讶的是《忧郁的热带》最后一章附有这条建议，今天看来那么令人费解，以至于近几年来后出的几个版本在页脚加上了列维－斯特劳斯的一个注释：“不合时宜的考虑，犹如其他不少考虑一样；但是不应该忘记的是此书成稿于1954年。”那条建议是什么呢？那时候法国有四千五百万人口，“在权利均等的基础上”，把殖民帝国内两千五百万穆斯林也并入它的人口中。列维－斯特劳斯说，“如果它敢于这样做，跨出这一步，要比当年美国不愿一直成为盎格鲁－撒克逊世界的一个小省的做法还要大胆。当新英格兰的公民在一个世纪以前，决定同意让欧洲最落后地区和最贫困的社会阶层向国内移民，让国家淹没在这股浪潮下，他们是在进行一场赌博，而且还赢了，这一份赌注跟我们今天拒绝冒险投入的赌注同样大。”

这么一场豪赌会不会把法国压垮？这个谁都永远不会知道。

但是这个不可思议的建议证明了思想家的胆略、光明磊落的意图，以及高贵的天真。

这反正也没有引起什么大不了的争论。在《忧郁的热带》里有一阵清风、一种热忱、一份雅致、一片诗意，使这一类争论都显得多余。

* * * * *

这部作品从某种程度上使列维－斯特劳斯名声大振，改变了他的器局。更有意思的是他是出于焦虑，在近于绝望情境下才写这部书的。

在他长期居留美国和发表《亲属关系的基本结构》以后，曾经接连两年申请法兰西公学院的教职，两次都没有成功。他愤怒、痛苦，深信在教育界不会再有任何前途，然而也没有什么可以失去的，他下决心毫无顾忌地畅所欲言，从第一页起："我恨旅行和探险家。"

他身边只有他的打字机和妻子莫妮克，在六个月内一口气写出了这部大作；莫妮克随时给他复读原稿。这部作品内容庞杂，有默想、杂文、旅途笔记、向星球倾诉自己的爱意、对环境破坏的愤怒。

这部书给他打开了所有他以为绝不会重启的大门。1959 年，他凯旋进入法兰西公学院，在那里立即创建了他的"社会人类学实验室"。

“实验室”这个词值得在此多说几句，因为它显示了列维－斯特劳斯的真正雄心壮志，这在他眼里是最重要的，但是大多数人并不领会，这使他很失落。当大家谈起他像谈起一位“诗人”，这也使他恼火，有点像克洛德·贝尔纳在一个世纪以前听人把医学描绘成一门“艺术”的反应。对于这位早年的先行者，他从事的这个学科应该绝对是一门不折不扣的科学，要实验，要验证，要规范。列维－斯特劳斯在自己这个领域内也有同样的想法。完全是为了这个目的，他要把他的人类学研究所起名为“实验室”。

他的观点是社会科学和人文科学都绝对需要转化成真正的科学，而现在一直还是在僭用这个名称。比如在亲属关系或语言方面，一旦涉及人的先天精神状态与某一特定的社会中获得的后天精神状态，能不能建立通用的守则呢？

但是列维－斯特劳斯要走得更远，要远得多。他写道：“我深信人类社会像个人，在它们的游戏、梦想或疯狂中，从来不以绝对的方式进行创造，而仅限于在可能重建的理想拼图中选择某些组合。”把观察到的所有习俗，把在神话中想象的所有习俗都列出一张清单，“将会画出一张周期表，就像化学元素表，在里面一切真正的与只是可能的习俗以家族分类，我们只要对社会真正接受过的习俗加以确认即可”。

如果不把这种看法视为一种幻想，则它代表了一位研究人员至今能够孕育的最富有雄心和最引人遐想的计划。他孜孜不倦做的就是这项工作。

由此可见，关于他确实有过一种误解，在他生前一直延续，死后也未尝消除。因为他的读者，主要还是他的同胞，喜欢他的首先是作家的一面——他的语言、风格、气质、雅致，以及他的文学艺术知识；其次是思想家的一面；最后才是学者的一面。而对于他本人来说，重中之重应该是科学研究课题。

当他在蒙泰朗自杀后成为第二十九号坐席候选人时，法兰西学院内部也是以这样的“等级表”来考虑的。列维－斯特劳斯的文笔给他带来了多数院士的支持；他的学术见解有几人是赞同的，但是也有不少保留意见；至于他的科学研究工作，在一部分人那里引起有礼貌的好奇，在另一部分人那里则毫无反应。

投票结果是十六票赞成，十票打叉，表示拒绝。这场选举可以说顺利，但是战绩不及期待的那样辉煌。或者从另一方面来说，凡是在法国经历过20世纪至21世纪之交，见识过列维－斯特劳斯的巨大威望，以及他的同事每次提到他的名字都肃然起敬，无法想象当年选他居然不是一场全民公决。

他庄严的入院典礼也并非风平浪静。应新院士的要求，由他的老对手罗歇·凯卢瓦负责致答辞。这个想法非常高尚，在礼数上落落大方。可是，致答辞者又要挑起已经偃旗息鼓的论战，认为有必要在听众面前再说上几句，可是他又没能把话说得心平气和。“在1952年，您应联合国教科文组织的要求写了一本小册子《种族与历史》，可能写得太仓促了一点。您在文中就文化的平等提出一些论点，后来也使您广为人知，这对于培养了您的文化与学科则有点忘恩负义。这挑起了你我之间的争论，我承认是我起的头。我对您每条论证的正确性表示敬意，但是我承认在我看来它们相互之间难以融会贯通，您的推论也不能自圆其说。您在反驳我的文章中，语调、内容、激情都非同一般，使用论战的方式也在讨论不同意见时极为少见，这在当时使我目瞪口呆，无以言对。”

这些吵吵嚷嚷不久也被人遗忘了。那些打叉、责备，其他种种也无不如此。这一家学术机构就是这样度过了几个世纪。遗忘的与记住的都同样不多不少。不论是第一轮就被选上，还是像维克多·雨果那样经过几次失败；不论是仅仅多一票当选，还是全体一致通过；当我们跨过舞台脚灯，到了学院的中心，过往的一切也只是些逸闻和故事情节而已，突然看到自己成了某一把椅子、某一位前任甚至是某一支族裔的继承者——这条脉络的形成，取决于死亡、投票、阴谋诡计、文学政治或其他环境的偶然性。

那天，在演说中，列维－斯特劳斯认为重要的是提醒他的同仁，他入选学院还伴随着一种归宗的要求：“对于每一位院士来说，你们也给予了他入谱的恩典，这个谱系是由三个半世纪以来坐过这把椅子的人组成的；端坐在这把椅子上的人，应该都感到无比光荣；这份谱系是半虚构的，但是人种学家知道，在世界上任何角落搜寻到的谱系，若上溯到久远一些的年代则无不如此。”

* * * * *

这把椅子的第十八位座上客，比他以前任何一位院士都要长寿，他活到 2009 年 10 月 30 日，差几天就是他一百零一岁生日了。他德高望重，名声如日中天，可以说达到令人膜拜的程度，然而有关他的争议声也不绝于耳。有人质疑他鼓吹严格与系统性的反种族主义，也有愈来愈多的人从反面来批评他“保守偏航”。比如他在一次讲座中说过，“做到与众不同，并保持与其他文化的差异性，这才会使各种文化百花齐放；为了这个目的，一切文化必须对自身忠诚，其代价是对不同文化的价值观装聋作哑。”

确实，相对于撰写《种族与历史》的时代，他观察的角度有了变化。在 50 年代，世界刚走出战争，各国竞相争取独立，他迫不及待要说的是：“我们大家都有权利要求同等的尊严，没有人应该洋洋得意于自己的文明要优越于其他文明。”后来他在生活中对另外一种威胁感到忧愁，并认为这更加险恶：卑躬屈膝的文化一致性。这种威胁一直存在于他的脑海中，他曾经带着愤怒写道：“人类陷入了单一文化，准备生产大批量的文明，如种甜菜一样，以后大家的日常伙食就只有这盆菜可以吃的了。”

从他的观点看来，任何文化都不应该消失——任何族群、任何文献、任何语言、任何艺术，不论是在亚马逊流域，还是在塞纳河沿岸。

# 后　记

从1634年以来，已有十八位院士在我之前坐过这把椅子，我在对这些人做研究时，始终在两种相反的诱惑之间感到左右为难。一方面我对自己说我的任务不是出于“孝心”给他们做翻案文章，在他们灰暗的脸上贴金，我应该坚持一位公正的历史学家的立场。但是另一方面，按照列维－斯特劳斯所说的“部分虚构的谱系”，它把我们串连在一起，不能使我无动于衷。我并不想不计一切代价保护他们，却倾向于怀着感情凝视他们，尤其是他们中间没被人爱、没被理解、没被记住的那些人。

作家朱尔·勒纳尔在他的《日记》中称，有些人是“不朽的普通人”，我的“祖先”中有些无疑属于这一类。事后再把他们看成是不受赏识的天才，也无济于事。但是他们中间有不少人若获得更多了解会挽回声誉；还有，把他们入选的情境、工作的性质或者生活中的曲折，无一例外都加以考虑，这样可以显现出他们所处的世纪真相。

由此可见，与其让我本人因一位蒙泰朗的荣耀或一位卡依亚瓦的默默无闻而影响情绪，还不如把历代每位座上客，看作超越自身也超越我们大家的一段历史的可贵和短暂的见证人。这可以说是分成十八章节的历史故事，或者是分成十八阶段的世纪穿越，每个阶段都有一位不同的“旅人”相伴。

他们前后相继坐上了这第二十九把椅子。他们坐在那里时经历了辉煌或恐怖、虔诚或启蒙、史诗、迷失、溃败。然后他们又走了，有的留下痕迹，有的没有，而这时巴黎、法国、欧洲和全人类都在发生巨变。

我要叙述的就是从这把木头椅子开始的这段丰富历史，这把椅子如今也轮到我来坐上一阵子了。

# 感谢与说明

要我列举所有帮助我完成这项工作的参考著作，那是不可能的。不论是纸质的还是电子形式的，共有几百部之多。我感谢这些作品的作者，他们大部分皆已作古，同样也感谢向我提供这类信息的人。

我的一部分研究工作是在法兰西研究院图书馆档案室完成的。这个地方对于历史爱好者来说是一座真正的天堂，我在那里可以待上几年而忘记自己的存在。我要在这里向那些给过我礼待和宝贵赐教的男女工作人员表示我的感激之情，尤其是米莱依 · 帕斯图罗，她在 2012 年组织了第二十九把椅子展览会，那个时期搜集的大量资料在这项工作中始终不离我左右。

在接下来的篇幅中，为了解答某些读者可能会提出的问题，我要给本书十八章提供一些补充看法，给参考文献增添某些材料，向帮助过我的人致谢，也向愿意深入了解的人提供更多的研究线索。

## 1. 关于皮埃尔·巴尔丹

这部书即使针对的是四十把椅子中的其中一把，我也应该熟悉法兰西学院的全部历史：它的创建、演变、恐惧或伟大的时刻、窘困处境。我探讨这个题材时使用的参考书中，有五部对我特别有用：《不朽的世纪》（*Des siècles d'immortalité*），埃莱娜·卡雷尔·德·昂科斯著，2011年法亚尔出版社出版；《孔蒂河滨道的老夫人》（*La Vieille Dame du quai Conti*），卡斯特里公爵著，1978年佩兰学院书店出版；《法兰西学院史》（*Histoire de l'Académie française*），保尔·佩利松著，1653年出版，1730年德·奥利弗神父补写；《不朽者沙龙》（*Le Salon des Immortels*），路易·贝尔纳·罗比塔耶著，2002年德诺埃尔出版社出版；《法兰西学院历年选举记录》（*Chroniques des élections à l'Académie française*），阿尔贝·鲁克塞尔著，1888年巴黎出版。

让－克里斯托夫·吕芬2012年6月14日在圆顶下接待我时，引起我对这件事的注意：第二十九把椅子的第一位座上客是在救助他的学生时溺水死亡的。他了解我，知道在我以前的这些人的命运不会让我无动于衷。"您对祖先很尊崇，如今一下子多了十八位。"他对我大声说。他与我的演说于2014年已由格拉塞出版社出版。

卡特琳·费弗尔·德·阿尔谢是法国国家图书馆手稿馆馆长，多亏她的协助，我查阅了巴尔丹演说的文本，篇名为《论哲学风格》（*Du style philosophique*），1635年5月21日他本人在同仁面前宣读，距离他逝世的日子仅八天。

我趁此机会也向加利卡计划（projet Gallica）致敬，通过这项计划，法国国家图书馆给一大批难以保存的纸质作品编号。这些作品中有的已由谷歌编目，有的已由维基文库（Wikisource）计划予以重新出版和上线。我在研究 17、18 和 19 世纪作家时经常查阅，受益甚多。

在写这一章还有其他几章时，我主要依据马克 · 富马罗利的三部书：《雄辩的年代》（*L'Âge de l'éloquence*），1980 年德罗兹书店；《圆顶》（*La Coupole*），1986 年伽利玛出版社；《文字共和国》（*La République des Lettres*），2015 年伽利玛出版社。

## 2. 关于尼古拉 · 波旁

对"波旁努斯……只爱用拉丁语写作"一文的观察，来自杰代翁 · 塔勒芒 · 德 · 雷奥的《小故事》（*Historiettes*），一部有趣的教益读物，第一版要上溯到 1657 年，虽则有些故事的真实性令人起疑。

法兰西公学院的前身是皇家公学院，波旁神父当上皇家公学院的希腊语教师，好像是在他用那首拉丁语诗咒骂亨利四世的暗杀者后谋取而来的。他是皇家公学院内第一个入选法兰西学院的人。这开启了一个历时悠久的传统。仅说他的这把椅子，在他之后就接受过公学院的其他五位教授：皮埃尔 · 弗卢朗、克洛德 · 贝尔纳、埃内斯特·勒南、安德烈·西格弗里德和克洛德·列维－斯特劳斯。这个数字是非常突出的。与此相比，自从法兰西学院成立以来，法兰西公学院的教授入选学院的共三十五人，平均每把椅子还不到一个人。由此可见，这虽是选举的巧合，也使第二十九把椅子成了法兰西公学院在法兰西学院的专座。

### 3. 关于弗朗索瓦－亨利·萨洛蒙·德·维勒拉德

在让·勒朗·达朗贝尔的《哲学、历史与文学作品》(*Oeuvres philosophiques, historiques et littéraires*)这部集子中，有一篇文章，题目为《让·泰斯蒂·德·莫鲁瓦的赞辞》(*Éloge de Jean Testu de Mauroy*)，其中记录了他对这把椅子的第三位座上客与黎塞留本人进行的猛烈攻击。

里瓦罗尔说到黎塞留与高乃依的那句话，来自《法语普遍性》(*De l'universalité de la langue française*)。那是 1784 年他受柏林学院邀请所写的一篇演说。

至于萨洛蒙家庭的渊源，要感谢皮埃尔·马克，他在家谱方面的渊博知识使我得益匪浅。弗朗索瓦兹·克鲁格对 18 世纪萨洛蒙家庭所作的研究，1979 年由阿尔萨斯学社出版，也同样对我非常有用；恩斯特·冯·萨洛蒙的《问题》(*Le Questionnaire*)法译本 1953 年在伽利玛出版社出版。

## 4. 关于菲利普 · 基诺

从萨洛蒙 · 德 · 维勒拉德在波尔多去世的消息传到巴黎，到基诺的当选和正式接待入院，仅仅经过三周，从 1670 年 3 月 2 日到 24 日。这么仓促在今天是不可想象的。习惯上是在一位院士逝世后等待一年才决定他的接班人；有时也可少些日子，如八个月；经常是多些日子，十五个月，甚至两年的也有。入选与接待一般也得等上一年，经常还更长些。因而，从院士逝世到接班人得到接待，很少是少于两年时间的。

我在这里要向诺曼 · 布福尔致意。他的作品《基诺——吕利的歌剧作家》（*Quinault, librettiste de Lully*），2009 年由凡尔赛巴洛克音乐中心和布鲁塞尔马达加出版社出版，要了解这把椅子的第四位座上客，这部书是不可或缺的。

在 19 世纪另有一位杰出的专家艾蒂安 · 格罗，他的作品《基诺：他的生平与作品》（*Quinault, sa vie, son oeuvre*）长期以来是这个课题的最终参考书，至今查阅仍然非常有益；主要还是通过他，我能够审察到波舒埃与大阿诺对歌剧作者所谓的“淫诗”的仇视。

格鲁克派与皮钦尼派争吵的时代背景描写，取材自彼得 · 埃尔韦 1818 年在伦敦出版的一部导游书《怎样享受巴黎》（*How to Enjoy Paris*）。

## 5. 关于弗朗索瓦 · 德 · 卡利埃

《弗朗索瓦 · 德 · 卡利埃——路易十四时代的法国谈判艺术》(*François de Callières. L'art de négocier en France sous Louis XIV*)，这部精彩的作品由让 – 克洛德 · 瓦凯 2005 年出版于巴黎高等师范大学乌尔姆路出版社。它介绍了这把椅子第五位座上客的生平以及身后荣耀，还在附录中全文登载了卡利埃这部主要作品在 1716 年发表时的文本。

《与君王谈判术》在 2002 年同样也由日内瓦德罗兹书店出版，前附阿兰 · 佩加尔 · 朗珀勒写的一篇导读，对卡利埃为什么长期沦落在“炼狱中”，为什么他应该走出炼狱作出解释。

至于说到弗朗索瓦 · 德 · 卡利埃怎么帮助弟弟路易 – 埃克托尔当上新法兰西总督一事，可以在线上阅读伊夫 · F. 佐尔特瓦尼的精彩文章，收于 1969 年出版的《加拿大传记词典》(*Dictionary of Canadian Biography*)。

## 6. 关于安德烈 – 埃居尔 · 德 · 弗勒里

我引用了弗勒里入院演说中的一大段话。我对他的许多继任者同样也这样做了。这些文本在法兰西学院官网上可以任意查阅，我也在研究中大量运用。十分感谢那些创建并不断改进网络资料库的人。

前总统瓦莱里·吉斯卡尔·德斯坦对弗勒里红衣主教主政的评价，见载于2014年5月《观点》（*Le Point*）周刊，那时是他当选总统四十周年，谈话内容由弗朗兹–奥利维耶·吉斯贝尔和罗曼·居贝尔记录。

我在这一章中很少用到生平参考资料，这是因为这些资料非常丰富，同时又很容易找到。不论是关于红衣主教本人、路易十五、摄政时期或共济会，这些著作到处都有，俯拾即是。然而对于第二十九把椅子的最初几位座上客，我必须经过长时期挖掘，才搜集到若干有用的信息……

## 7. 关于保尔·达尔贝·德·吕内

法兰西学院院士约瑟夫·米肖的弟弟路易–加布里埃尔编纂了《古今传记大全》（*Biographie universelle ancienne et moderne*），这是了解17至19世纪上半叶的一部了不起的工具书，我在研究这把椅子的第七位座上客时，才开始体会这部书的妙处。我时常查阅参考，也很高兴知道该书总共两大版本一百三十卷，现在都可以在线上阅读。今天我们无疑对许多资料来源唾手可得，但是我觉得这套书提供了一份不可替代的注释。

同样也是在研究进行到这个阶段时，我能够看出另一个人作为历史学家的品质，一般来说他是因其他原因而为人称道的，那就是孔多塞。他是哲学家、学者、政治思想家，在许多领域思想成果超越于他的时代；又是一位悲剧人物，因为他真心诚意盼望革命，自己却惨死于革命之中。从许多方面来说，他都是这个纷乱时期最打动人心的人物之一。我在研究时，能够欣赏他作为纪年史家的品德：文笔优美，明白事理，讲究精确，尊重他人，即使他毫不赞成他人意见时也是如此。

格林男爵是用法语写作的德国文学家，他编纂了《文学、哲学与评论通讯》（*Correspondance littéraire, philosophique et critique*），我们从中知道伏尔泰1778年最后一次访问巴黎的详细内容。但是不要把他与格林兄弟混为一谈，后两人是著名的童话作家与搜集者。

有一部著作非常有参考价值，专门描述九姐妹支会，作者是共济会一位官员，名叫路易·阿米亚布勒，是巴黎第五区区长，书名为《1789年前的共济会一个支会》（*Une loge maçonnique d'avant 1789*）。我查阅的那个版本已由渥太华大学传至网上。

## 8. 关于让－皮埃尔·克拉里斯·德·弗洛里安

庞蒂耶夫尔公爵是路易十四的孙子，弗洛里安的保护人，也是路易·菲利普的外公，在1830至1848年间执政，头衔是“法国人的国王”（roi des Français），而不是“法国国王”（roi de France）。

伏尔泰在谈到自己家世时好像喜欢玩花样。他修改了出生年月和地点。可以肯定他是在1694年2月20日来到这个世界的，地点是夏特内－马拉勃里，然而他的籍贯材料则让他晚了九个月，即11月21日出生于巴黎。他也对朋友说，他真正的父亲不是阿鲁埃公证人，而是一个名叫罗克布吕内的贵族。

## 9. 关于让·弗朗索瓦·卡依亚瓦

莫里哀确切下葬在哪里，至今仍无定论，以至于1792年挖掘的遗骸——从而卡依亚瓦拔取的这枚牙齿——也可能完全属于另一个人；有人认为这或许还是拉封丹的呢……

我愿意在此表达我对亚历山大·托姆的感激之情；承蒙他将著作《让－弗朗索瓦·卡依亚瓦（亦称埃斯当杜）的生平与作品》（*La Vie et l'oeuvre de Jean-François Cailhava dit d'Estandoux*）的原稿寄给我看，对我提供了珍贵的帮助。主要通过他，我了解到这把椅子第九位座上客让伏尔泰在1778年加入共济会的这段历史。

## 10. 关于约瑟夫·米肖

说到这把椅子的第十位座上客，也唤醒了我内心的一段个人回忆，这件事我已在前言中简略提及。1981年，我正在研究十字军东征，计划从“另一边”的观点来看待和叙述这段历史。抱着这个目的，我整天泡在各家图书馆里，同样也穿梭于旧书店，去挖掘埋没的宝藏。巴黎拉丁区太子街有一家受人尊敬的东方古籍书店，我正在书架前东看西看时，书店老板萨米埃连先生问我是否听说过米肖的《十字军东征史》。他不久获得一部珍藏版，共七卷，五卷是史实本身，两卷是《十字军东征参考文献》，成印于1819至1822年之间，烫金皮封面。我还没有翻阅，便给书的装帧迷住了。当我努力撰写我的第一部作品时，这套书已成了书房里的镇室之宝；至今三分之一世纪过去，在我写这几行字时还近在我的手边。我提到了书的封面，然而内容更使我满意。米肖除了文笔简洁雅致，始终让读者有兴趣阅读，还在书中搜集了大量意想不到的资料，都全文复制后附在里面。还有像圣伯夫的注释说的，他在研究与撰写十字军的著述时，决不窜改这些资料的内容，即使这些内容使他这一边的人会读了汗颜。

米肖的全名是约瑟夫－弗朗索瓦，许多有关他的文章都是这样称呼的。至于他自己只用“约瑟夫”或“J.”作为名字，有时候甚至不用名字而只是简单写上姓氏。因而，在前面提到的七卷《十字军东征史》中，对他的介绍总是只提“法兰西学院米肖先生”，名字一次也没有出现。

在《古今传记大全》中，对米肖那次荒诞不经的逃跑有最详细的描述。那次逃跑是由他的朋友和未来的出版人吉盖组织的。

## 11. 关于皮埃尔 · 弗卢朗

第二十九把椅子的这位座上客有三个名字：玛里 · 让 · 皮埃尔，这有时引起一些混乱。在贝齐埃尔附近他老家莫莱昂镇的纪念碑上，称他是“皮埃尔 · 让 · 玛里”；有的地方称他是“让－皮埃尔”；他自己在著作封面上只写“皮埃尔”。

对于 1840 年 2 月 20 日选举维克多 · 雨果和弗卢朗时的情形，有过多种推测。我们今日的选票是有区别的，白票表示弃权，“白票打叉”相当于反对票。在 1938 年对规则进行变革以前，白票是对台上所有候选人的反对票；因而，如果两人一位得十八票，一位得十五票，但是其中另有三张是白票，这样不过半数那就无人当选。昨日的白票与今日的“叉叉”，都是古代黑球的“后代”，这在法兰西学院作为反对票一直沿用到 1816 年。这种做法从前在英国私人俱乐部显然非常流行，“blackbouler”（投黑球表示反对）这个动词也是这么产生的。

若尔杰特 · 勒杰在 1933 年逝世，她的作品对我了解皮埃尔 · 弗卢朗科学事业的价值特别有用。她的许多文章可以在网上查阅。

## 12. 关于克洛德 · 贝尔纳

我在研究过程中，很幸运地发现玛里－埃梅 · 马杜埃尔写于 2006 年的一部作品《克洛德 · 贝尔纳，出生于博若莱的生理学家，他的家庭、生活与作品》(*Claude Bernard, un physiologiste natif du Beaujolais. Sa famille, sa vie, son oeuvre*)，可以在互联网上查阅。

克洛德·贝尔纳写给女友玛丽·拉法洛维茨的书信集，在1974年由雅克利娜·索诺莱与梅里欧基金会合作出版，装帧讲究，书名为《致R.夫人的信》(*Lettres à Madame R.*)。

## 13. 关于埃内斯特·勒南

这把椅子的第十三位座上客，几乎从19世纪中叶以来一直是个名人。谈到他的生平与作品的著作、围绕他的学术影响的论战文章浩如烟海，在此一一列举会令人生厌。我还是乐意提一提对我特别有用，而在参考文献中又难得一见的一个资料来源。那就是1974年法国国家图书馆勒南展览会会刊。我是在好多年以前获得的，当时不知道有朝一日竟会对我那么宝贵。我就是在这部册子里找到他的姐姐亨丽埃特在他结婚后写给他的信，法兰西公学院院长送呈公共教育部的报告、解释勒南学期开课那天的骚乱，还有拿破仑三世对勒南遭受处分表示失望的那封信。

安德烈·纪德1936年在《访苏归来》(*Retour de l'U.R.S.S.*)中写道："有一句话我在法语中找不到适当的表达，而德国人则说得非常形象：把孩子连同洗澡水一起倒掉，用来说明不加区别，也表示过于匆忙……"他这种看法让人听来好像是他的读者还不熟悉这个成语，他不得不予以翻译似的。

勒南的妻子科尔纳丽·舍弗也是出生于一个荷兰家庭，好多家庭成员都在画坛上留下了名字，主要有勒南夫人的祖父母让-巴蒂斯特和科尔纳丽娅，她的父亲亨利，尤其是她的叔叔阿里，他是这个绘画世家中最著名的一位。为了纪念他，勒南的儿子也取名阿里，他后来也从事绘画……

## 14. 关于保尔-阿曼·沙勒梅尔-拉库尔

我在写作过程中，一直琢磨这把椅子的第十四位座上客应该用全名还是用简名。从他的朋友约瑟夫·雷纳克给他死后出版的《一位悲观者的研究与反思》（*Études et réflexions d'un pessimiste*）写的序言中，我得知他的亲朋好友一般都简单地叫他沙勒梅尔，这样叫他完全是可以接受的。

在大多数的词典里，提到他时都用第二个名阿尔曼（Armand）。沙勒梅尔一家住在诺曼底的阿弗朗什一边，常用的是阿曼（Amand）。这位院士的父亲就叫阿曼-菲代勒-康斯坦，这可以说是一份正式声明了……乱上添乱的是，有一位民政官员在有关他儿子的资料中还错误地加个“r”。他本人干脆只用“保尔”这个名字来解决这个问题。我知道这些情节以及沙勒梅尔的其他许多生活琐事，是读了欧仁·格勒莱出版于1917至1922年的三卷本传记，还有文森特·怀特的作品《甘必大的省长们》（*Les Préfets de Gambetta*），出版于2007年巴黎索邦大学出版社。

## 15. 关于加布里埃尔 · 阿诺托

2014 年法亚尔出版社出版的《德雷福斯事件的政治史》（*Histoire politique de l'affaire Dreyfus*）非常出色，使我对这位部长 – 院士在这场危机中大受批评的做法，有了深刻的认识。

加布里埃尔 · 阿诺托的回忆录名为《我的时代》（*Mon temps*），1933 至 1940 年间在普隆出版社出版，他人生的第一部分写得颇为有趣，但是从德雷福斯事件开始，十分令人失望，或者根本一字不提。最后一卷在法国解放时上市出售，腰封上写道："占领时期被审查机关列为禁书。"

## 16. 关于安德烈 · 西格弗里德

西格弗里德的故居坐落于塞纳河河湾，根据卡齐米尔 · 德拉维涅的《老人学校》（*L'École des vieillards*）剧本内一段对话，屋名为"博斯普鲁斯海峡"。剧中一位人物说："你是大房产主，从前又是船东，这个勒阿弗尔港，你永远迷恋的故乡，你难道会不爱它么？"他的对话者对此回答说："除君士坦丁堡以外，再也没有这样的美景。"

要了解这位院士的生平，最好的作品莫过于他献给自己父亲朱尔 · 西格弗里德的那部书，书名为《我的第三共和国时期回忆》（*Mes souvenirs de la IIIe République*）。

## 17. 关于亨利 · 德 · 蒙泰朗

蒙泰朗迷恋太阳活动周期，好像部分也是出于这些原因，把自己的生日改动了一年又一天，根据他籍贯簿上登记的日期，应该是 1896 年 4 月 21 日，而不是 1895 年 4 月 20 日。

说到剧本创作轻而易举这句话，来自保尔 · 莫朗的《无用的日记》(*Journal inutile*)。据说是蒙泰朗对保尔 · 莫朗的秘书皮埃尔 · 贝桑 · 马思南说的。

关于蒙泰朗的作品实在不计其数。我只是要指出，我是在让 – 弗朗索瓦 · 多芒杰 2003 年于德罗兹书店出版的《批评家蒙泰朗》(*Montherlant critique*) 一书中，发现未来的院士随同马塞尔 · 茹昂多遭到短暂拘留的情节。1987 年皮埃尔 · 杜鲁瓦桑在美文出版社出版了《蒙泰朗与古代》(*Montherlant et l'Antiquité*)，我阅读该书时获知了他对古罗马的热情。本 · 斯托尔兹富斯 2010 年在美国俄亥俄州肯特州立大学出版社出版《海明威与法国作家》(*Hemingway and French Writers*)，使我注意到蒙泰朗在斗牛上对这位美国作家的影响。

对蒙泰朗的个人生活有所争议的是两位作家皮埃尔 · 西普里奥和罗歇 · 佩尔菲特，他们都认识蒙泰朗，都在他过世后发表过一些作品，这些作品在蒙泰朗的欣赏者眼里都充满恶意。西普里奥写过一部两卷本传记《不戴面具的蒙泰朗》(*Montherlant sans masque*)，佩尔菲特则公布并注释了一册 1938 至 1941 年间内容辛辣的书信集。

蒙泰朗在入选演说中提到“我青年时代心头挥之不去的白骨堆”，这是在借用第一次世界大战后杜奥蒙尸骨场上的那句话。

## 18. 关于克洛德 · 列维 – 斯特劳斯

埃马纽埃尔 · 卢瓦耶 2015 年在弗拉马里翁出版社出版了一部优秀的列维 – 斯特劳斯传记，我从中知道安德烈 · 西格弗里德在人类学家第二次试图到法兰西公学院任职的失败中起了举足轻重的作用。西格弗里德是名教授、法兰西学院院士、《法国西部的政治版图》（*Tableau politique de la France de l'Ouest*）的卓越作者，他带着这些光环，敦促他的同仁选举另一位候选人，由那个人执教“巴黎和巴黎地区的历史与社会结构”，而不是什么“原始人社会学”。

罗歇 · 凯卢瓦《逆反的幻想》（*Illusions à rebours*）一文，分两次登载在刊名很怪的《新新法兰西杂志》（*Nouvelle Nouvelle Revue française*）上。那时显然是《新法兰西杂志》（*Nouvelle Revue française*）为了区别于占领时期出版的几期杂志而起的新名字。不久以后，《新法兰西杂志》又恢复了它的原名。

图书在版编目（CIP）数据

塞纳河畔的一把椅子：法兰西四百年 /（法）阿明 · 马洛夫著；马振骋译 . — 上海：文汇出版社，2019.7

ISBN 978-7-5496-2564-2

Ⅰ . ①塞… Ⅱ . ①阿… ②马… Ⅲ . ①法国 – 历史 Ⅳ . ① K565

中国版本图书馆 CIP 数据核字 (2018) 第 100890 号



版权登记图字 09-2018-468

# 塞纳河畔的一把椅子：法兰西四百年

作　　者／〔法〕阿明 · 马洛夫
译　　者／马振骋
责任编辑／何　璟
特邀编辑／杨静武
装帧设计／人马艺术设计 · 储平
出　　版／文匯出版社
上海市威海路 755 号
（邮政编码 200041）
发　　行／新经典发行有限公司
电　　话／010-68423599　邮　　箱／editor@readinglife.com
印刷装订／北京盛通印刷股份有限公司
版　　次／2019 年 7 月第 1 版
印　　次／2019 年 7 月第 1 次印刷
开　　本／880×1230　1/32
字　　数／150 千
印　　张／8.75

ISBN 978-7-5496-2564-2
定　　价／39.00 元

敬启读者，如发现本书有印装质量问题，请与发行方联系。